本当の仏教

高田裕一

鳥影社

本当の仏教　目次

表紙原画　丁子《ちょうじ》 紅子《べにこ》

本当の仏教

プロローグ

ＡＩ（人工知能）は、アインシュタインや卑弥呼を超えられるのでしょうか。

二〇一六年一月、ＡＩが囲碁のトッププロ棋士に初めて勝利したと、イギリスの科学雑誌『ネイチャー』に論文が掲載されました。囲碁は縦一九本と横一九本からなる罫線の交点に、黒石と白石を交互に載せていくシンプルなゲームですが、その組み合わせは途方もない数にのぼるために、最新のスーパーコンピュータをもってしても、規定時間内に処理することが不可能とされてきたのです。それにもかかわらず、トップクラスのプロ棋士に勝ったということは、総当たりではなく、何らかの処理方法をＡＩが考え出したということなのです。

コンピュータは、発明されてから約半世紀余り、驚異的なスピードで性能アップし、IT（情報技術）が築き上げられ、地球の裏側からでも最新のニュースやメッセージが、音声付きの動画を伴って送られてきます。あるいは、情報検索機能や通信販売では欲しい事物が安く早く手元に届くといった、多くの恩恵をもたらしています。しかし、同時に膨大な量の無用な情報と物品に翻弄され、さらにはSNS（Social Networking Service）でのあらぬ誹謗《ひぼう》中傷に悩まされるといったデメリットも生じているのです。それどころか、国際的な金融詐欺の道具にも使われ、あるいはテロを特定の地域に限定することなく、世界各地へと拡散させているのです。

このまま進めば、ITを上まわるAI（人工知能）のビッグデータと処理能力は、人間の知識と知性を遥かに凌駕《りょうが》し、尊厳をも脅かしかねない存在になりつつあります。それは本来、人類の幸福に寄与すべき手段のはずだったのですが、しかし、人類の善良な意思に反して破滅の方向へと邁進《まいしん》しているようにも思えるのです。このように、自然科学はAIというモンスターを出現させるに至ったのです。

それに対して、もう一方の科学に分類される人間科学において、例えば、心理学や脳科学などの分野では、人を猿や鼠と同等以下の心貧しい存在に貶《おとし》めています。そして、社会学や人類学においては、西洋文明とそれ以外の文化を、文明人と蛮族に仕分けるような独断と偏見から抜け出せないでいます。さらに、経済学は、ＩＴやＡＩの技術を駆使して、自由主義や資本主義の名のもとに富の偏在を加速させ、国境を越えてグローバルな格差社会を促進しています。その結果として、無知な貧困層を古い宗教へ駆り立て、無差別テロ要員を育む温床になるという、負のスパイラルを形成することになっているのです。

そのような状態になったのは、結局のところ、ブッダ以来約二五〇〇年にわたる人類の歴史文化の価値を、貧弱な人間科学が無視し続けた結果だといえます。このような絶望的な現状を打開する手立てはあるのでしょうか。私は今、約一七〇〇年前に著されたナーガールジュナ（龍樹《りゅうじゅ》）の『中論』を繙《ひもと》いています。

本書の構成は、プロローグとエピローグの他に、大きく四つに分類することができます。
（一）『中論』の新解釈にあたって　第一章
（二）時代背景や翻訳の問題　第二章〜第五章
（三）新解釈の詳細　第六章〜第九章
（四）『中論』の現代的意味　第一〇章
一般の読者で、新解釈の全体像だけを知りたい方は、プロローグと第一章および第一〇章とエピローグをお読みください。

第一章　『中論』の新解釈にあたって

『中論』は人間の苦しみを消去する方法のみについて書かれたものではありません。旧来からの「縁（因縁）」や「ダルマ」を現代に即した形で新しく解釈し直すことによって、人類の未来に希望をもたらす指南書として位置付けるべきだと思います。仏教は、紀元前五世紀前後にブッダによって創設された宗教ですが、多数の弟子たちによってそれぞれ独自に解釈され、それが千年単位の時間を経て変化し、さらには他言語への翻訳によって、膨大な数の経典が今に残されることになったのです。その原因は、ブッダの教えが、『中論』の記すとおりであったとすれば、きわめて抽象的だったからだと考えられます。

因みに、『中論』とは、紀元後三世紀ごろに大乗仏教の祖といわれるナーガールジュナ（龍樹）が、ブッダの教えをその時代に合わせて新たに解説したものです。そこで、本書では人は何を「しる」ことができるのかという視点に立って、『中論』の内容を概観することから始めたいと思います。和語の「しる」とは、理解する、知覚する、感受する、認識するなど非常に広い意味を持っていますが、「知る」と書くと知識や知性の働きに限定されるので、感性の働きも含めてより広く「シル」とカタカナ表記することにしました。

人には次の四つのシル能力があると『中論』は主張しています。すなわち、

(一) 原因をシル能力
(二) 知覚でシル能力
(三) 直接にシル能力
(四) 支配者をシル能力

これらのシル能力について順に説明していきます。

第一節　原因をシル能力

例えば、私が末期ガンと診断された時のことです。医師の言葉は死の宣告のごと

図１　因果律の連鎖

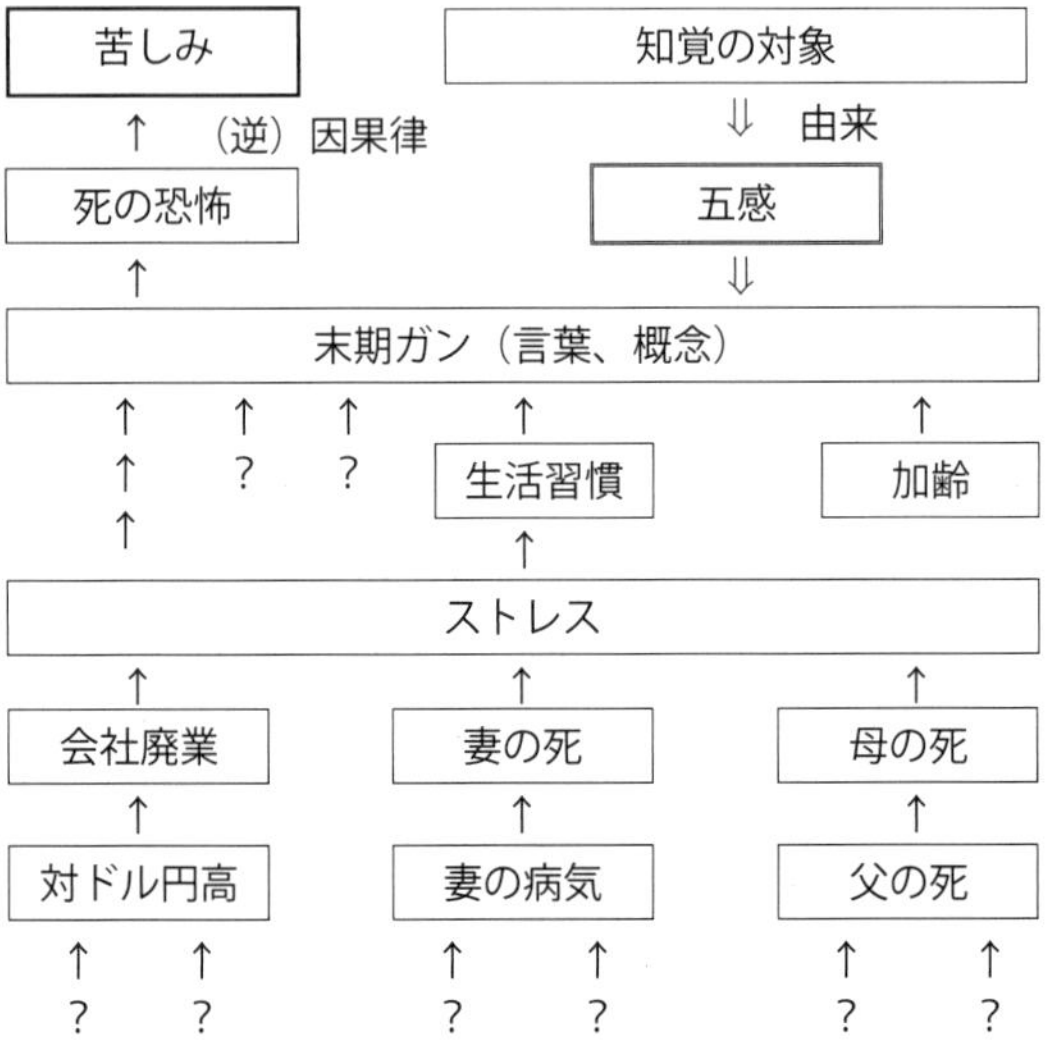

く聞こえ、絶望の淵に突き落とされたようでした。しばらく経つと、少し平静になり苦しみの原因を追究し始めました。苦しみの原因は、死への恐怖であり、その死は末期ガンという病気のせいです。ガンという病気の原因は、加齢や、不規則な生活習慣もあります。さらに、会社の廃業や妻と父母の死という大きなストレスが重なってしまったのだ……、などと自問自答して

いたのです。詳しくは拙著『末期ガンからの生還』「ラピュータブックス、二〇一四年」をご覧ください。

この例は、結果から原因を推論する関係、いわゆる因果律を示していますので、その連鎖として、原因の原因の原因の原因……、と遡っていくと、アリストテレスの主張する第一原因に辿り着くのでしょうか。いや、実際には、そんなに単純な話ではないのです。図1に見られるように、一点に収斂《しゅうれん》するどころか、様々な枝分れが生じて無限の拡大を呈するようになったのです。

そんなことよりも、末期ガンの正体は「末期ガン」という言葉自体と、それに繋がる「ストレス」など別の言葉との関係、すなわち因果律という机上の空論によって創りあげられた虚像でしかないのです。つまり人は、原因となる状況をシリうるといえるのです。これがシル能力の一番目です。

第二節　知覚でシル能力

五感を通して知覚される、色、音、匂い、味、手触りの元になるものは、実際に存在するのか、という問いに対して、どのように答えられるのでしょうか。

先節のガンの例でいえば、初期の症状としては、痛みやそのほかの自覚症状がまったく感じられず、貧血と便の潜血という検査結果によってようやく発見されたのです。そのためもあって、私はガンの存在という実感が湧かず、手術を先延ばしにしていたのです。

現代医学は、人の知覚能力を飛躍的に拡張してくれます。内視鏡検査では「ガンの可能性が七〇～八〇％」と診断され、さらに追加されたＣＴ（コンピュータ断層撮影）で撮影された立体映像によって、大腸に拳大《こぶし》ほどの腫瘍を見せつけられ、そのリアルさは、視覚でもって死への恐怖を決定的に具体化したのでした。それからというもの、指で腹のあたりを押すと、あちこちに固いシコリを感じるようになり、その辺りからキリキリと痛みが生じるようにもなったのです。さらに右脇腹の肋骨の内側にも重苦しい鈍痛が、肝臓への転移を暗示させるようになり、苦しみは増加していくばかりでした。

逆に言えば、このようなハイテク医療機器が発明されていなかったならば、ガン腫瘍の存在は知覚されなかったに違いありません。実際のところ、一時代前であれば手遅れになるまでガンを見つけることができなかったことでしょう。つまり、ガンという不動の本質を持った存在があるのではなく、ただ、ガンという病理現象として五感に知覚される状況を、人はシルことができるだけなのです。これがシル能力の二番目です。

第三節　知性による苦しみ

何といっても私を苦しめたのは「五年生存率」という言葉でした。インターネットで調べると、S字結腸ガンの五年生存率は六七％だという話です。その意味は、残りの三三％は五年以内に死ぬということなのか。五分五分よりはかなり少ないけど、結構大きな数字だという悲観的な考えの方が次第に強くなっていったのです。さらに、「五年」という数字は、六年経ったら一〇〇％が死ぬことを表しているのか、などとますます深刻な方向へと考えが向かい、悪夢に魘《うな》される日々が続いたのです。

さらに、CTによる立体映像のリアルさは、腹部に固いシコリのような触感をもたらし、絶望の苦しみを加速させたのでした

すなわち、図1（一八頁）のとおり、「苦しみ」の原因は、因果律により作り上げられた様々な言葉であり、さらに、CTの画像、下腹部の触感などによる知覚も

加わって、「苦しみ」という概念（言葉）が理解されたためだったのです。つまり、「苦しみ」は「理解すること」によって創り上げられた虚構だったというのです。またそれは、シル能力の一番目と二番目を併せて、「知性」の働きと言い換えることができるのです。

第四節　知性の断滅と心の安らぎ

しかしながら、「苦しみ」が「理解すること」すなわち「知性」によって創り上げられた虚構だったと解ったところで、全体的な絶望感、将来への不安感、家族や友人たちへのどうしようもない思い等々が、簡単に消えるものではないのです。

さらに、現実の病理的な症状に伴う痛みや息苦しさ他の肉体的な苦痛に、どのように耐えていけばいいのでしょうか。医師や看護師そして家族から「頑張れ」という励ましの声。しかし、何をどのように頑張ればよいのか、皆目見当がつきません。

ふと「なむだいし・へんじょう・こんごう」という言葉が思い浮かびました。心の中で復唱していると、次第に古い記憶が蘇ってきます。幼い私の枕元で、六拍子の調子よいリズムに乗った祖母の声が聞こえてきます。さらには、「南無大師遍照金剛」という漢字表記も脳裏に浮かんできたのでした。その意味は「偉大なる弘法大師様と大日如来様に我が命を捧げます」だということのようです。意味が解らずとも何度も心を込めて唱えることが重要だというのが、祖母の教えでした。

もともと念仏は、飢饉疫病が蔓延した鎌倉時代に、学も何もない民衆が救いを求めて広めていったものです。同じように、現代においても手術に関わる私の苦しみを軽減してくれたのは、九〇〇年ほど前の念仏だったのです。

結局のところ、祈りの言葉を一心に念じることが、広く「念仏」と称されるならば、念仏は、「何も感じず何も考えない状態を続けること」すなわち「知性の断滅」を実現するための簡便な方法だったのです。

ところで、私が死に直面し念仏を一心に唱えているときに、ふと脳裏に過《よぎ》ったことは、何も感じず何も考えずにこのままいてよいものだろうかという問いでした。「死後の世界があって、現世の善悪の行為が天秤に掛けられて、極楽と地獄への道が決まる」という言い伝えが本当であるか否かはさておいて、「心の安らぎ」はどこにあるのかという問いでした。ガンによる直接的な肉体の苦しみは耐えるしかないと考えながらも、自らの心の落ち着き先を求めていたのです。

第五節　直接にシル能力

ところで、法然《ほうねん》は、どのようにして「念仏の効能」をシリ得たのでしょうか。目を西洋に転じて、音楽史上最大の天才ともいわれるモーツァルトは「情熱が一旦湧くと、ふだんは二週間もかかるものも、四日ですむのです」と手紙に記しています〔『モーツァルトの手紙　下――その生涯のロマン』ウォルフガング・モーツァルト、柴田治三郎訳、一九八〇年、二九頁〕。ここで「情熱が一旦湧くと」の部分について英語訳 my passion is fixed on it とあり〔*The letters of Wolfgang Amadeus Mozart (1769-1791)*, Wolfgang Amadeus Mozart, translated by Grace Jane Wallace, Hurd and Houghton, 1866, p. 85〕、作曲が感性的な心の働き passion に依っていることを示しています。この時代においては、現代に見られる創造力やインスピレーションというような言葉がなかったのです。

また、二〇世紀最大の科学者といわれるアインシュタインも「自分の発見をどう説明するか？　直感かそれともインスピレーションか。両方だ。ときおり自分は正しいと『感じる』が、『知っている』のではない」と記しています〔『アインシュタイン――天才が歩んだ愛すべき人生』デニス・ブライアン著、鈴木主税訳、三田出版会、一九九八年、二七六頁〕。

このように、真実を「直接にシル能力」はシル能力の三番目であり、またそれを持った人物は天才と呼ばれます。

第六節　支配者をシル能力

世界の歴史における偉大な宗教の教祖は、聖人などと呼ばれ、天才よりもさらに稀有な存在ですが、いったいどのようにして生まれたのでしょうか。その共通点は、超自然的な存在と感応する能力を持っていたということです。

例えば、キリスト教の『福音書（新約聖書）』のマタイ伝、マルコ伝、ルカ伝において、イエスがヨハネからバプテスマを受けたとき「『あなたはいまわたしの最愛の子、わたしの心にかなった』という声が天からきこえてきた」という「『福音書』塚本虎二訳、岩波書店、一九六三年、八頁」。その声を、イエスはどの感覚器官できいたのでしょうか？

また、イスラム教の聖典『コーラン』の冒頭に、アッラーの言葉として、「また汝（マホメット＝ムハンマド）に啓示されたもの（『コーラン』）ならびに汝に先立って啓示されたもの（モーゼの律法、およびイエス・キリストの福音）を信仰し」とあります〔『コーラン（上）』井筒俊彦訳、岩波書店、一九六四年、一二頁〕。ここで、「啓示」とは何を意味しているのでしょうか。

さらに、中国においても、紀元前五世紀ごろの孔子は、『論語』において「五十にして天命を知る」〔『論語』金谷治訳注、岩波書店、一九六三年、二八頁〕、また「天、徳を予《われ》に生《な》せり」〔同、九八頁〕と述べています。あたかも天という支配者に人は操られているようです。

これらが四番目のシル能力です。

第七節　まとめ

・人には四つのシル能力があると『中論』は主張している。
・第一の原因をシル能力と第二の知覚でシル能力は、「理解すること」と換言でき、「知性」の働きそのものである。
・「知性の断滅」は容易ではないが、簡便法として念仏がある。
・第三のシル能力は真実を直接にシル能力であり、これを持つ人は天才と呼ばれる。
・第四のシル能力は、自分の支配者のようなものに感応すること。

第二章　『中論』とは何か

前章では『中論』の新解釈の出発点について簡単にまとめました。本章からは、その新解釈の根拠になる資料を挙げていくことにします。

仏教はブッダによって開かれた宗教ですが、キリスト教やイスラム教のような統一された経典がありません。古い仏典は、ほとんどが作者不明で、内容もまちまちでまったく統一性がないのです。

このような上座部（小乗）仏教に対して、西暦紀元頃に大乗仏教が起こりましたが、その中で最も偉大な人物がナーガールジュナ（龍樹）だったのです。

その教えは、やがてチベット、中国、日本へと伝えられることになります。特に日本では、南都六宗・天台・真言の八宗の祖師と仰がれることになったのです。

その著書『中論』は仏教の根本思想が集約されているといわれ、一二世紀ごろの法然や日蓮、一三世紀の道元《どうげん》による禅宗なども、その系譜とされているのです。

この章では、ブッダから『中論』に至るまでの歴史の流れを概観してみましょう。

第一節　ブッダについて

ブッダ Buddha は歴史上の人物というよりは、弟子や後世の人たちにより言い伝えられた伝説の人物です。

そもそもブッダと呼ばれる人物について、ほとんど何も判ってはいないのです。一般に呼ばれているブッダ（仏陀、佛陀）、ゴータマ、シャカ（釈迦、釋迦、釈尊、釈迦牟尼）、シッダッタは、いずれも特定の人物を示すものではないのですが、歴史的な人物名として「ブッダ」が一般的なので、本書もそれに倣います。

ブッダの生没年も確かではありません。南伝仏教の伝説では、誕生は紀元前六二四年、入滅（没年）は五四四年とされますが、学術的には疑問の余地があるようです。種々の資料により、入滅については紀元前五四四、五八四、四八三、四八二、四七八、四七七年などの学説が提唱されています。

生誕地は、ルンビニー Lumbinī であるとされています。これがブッダについて唯一の確からしい情報です。古い頌《げ》（詩文）に「シャカ族の村、ルンビニーにおいて」と記されているということです［『ゴータマ・ブッダ――釈尊伝』中村元著、法蔵館、一九五八年、三〇頁］。またこの地から「ここでブッダ・シャカムニは生まれたまうた」というアショーカ王の碑文が発見されたので、現在はユネスコの世界遺産（文化遺産）に登録されているようです。

第二節　ブッダの死後

ブッダが亡くなってから間もなく、五百人の阿羅漢《あらかん》（悟りを得た僧）が集まり、「法」（仏の教え）と「律」（僧の行動規定）を定める集会（結集）が開かれたという話です［『世界の名著1　バラモン経典　原始仏典』長尾雅人責任編集、中央公論社、一九七九年、五三頁〕。そのことが、パーリ語（サンスクリットの俗語）の律蔵に記されているといいます〔『現代語訳「阿含経典」長阿含経第1巻』丘山新他訳、平河出版社、一九九五年、四頁〕。

その後、三、四百年ぐらいの間に、二〜三回の結集があり、経典が形成されていったとされるが異説も多いという話です。しかし、それらの経典は、文字に記されることなく、弟子から弟子へ記憶によって伝承されたために、弟子たちの思想も混入されたとみられています。

それらが初めて文字に記されて保存されるようになったのは、前一世紀ごろになってからのことのようです〔『世界の名著2　大乗仏典』長尾雅人責任編集、中央公論社、一九七八年、二八頁〕。

この間に、上座部と大衆部の二つに分裂し、さらに一九とも三四とも三八ともいわれるように細かく分派していったようです。それに伴い、多くの解説や細かい規則などの経典が作られ、遅れて「論」（アビダルマ、哲学書）が成立したようです。

これらの経典は経・律・論の三蔵としてパーリ語に翻訳されたものが、スリランカに伝えられ、ミャンマー、タイ、ラオス、カンボジアへと広まったという説があります。これらは総称して南伝仏教といわれます。

それに対して、西暦四世紀末から漢訳されはじめた経典群が『阿含経《あごんきょう》』といわれ、北伝と呼ばれます〔『阿含経典1』増谷文雄編訳、筑摩書房、二〇一二年、一七頁〕。中国や日本において、この『阿含経』は、僧自らが独り実践する宗教であって、人類世界へ大きな影響を及ぼすものではないとして自ら大乗を名乗る仏教徒から、小乗仏教と揶揄《やゆ》された歴史があったのです。

第三節　『ウパニシャッド』について

そもそもインドの最も古いヴェーダ文献は、紀元前一二〇〇年ごろから長い時間をかけてインドに侵入してきたアーリヤ人たちによって作られたものだとされています。

成立順に、『リグ・ヴェーダ』『サーマ・ヴェーダ』『ヤジュル・ヴェーダ』『アタルヴァ・ヴェーダ』の四つがあるということです。

バラモンたちは、それらにある様々な讃歌を、新酒ソーマと共に捧げる祭祀《さいし》により神々を満足させ、庇護《ひご》者の願望を達成させたのです。これによって、複雑な祭式を職能とする祭官族の専横をまねき、祭式万能の弊風を生むに至ったようです［『ウパニシャッド』日本ヴェーダンタ協会訳、日本ヴェーダンタ協会、二〇〇九年、四頁］。

ヴェーダ文献は、それぞれ祭式部と知識部の二つに分けられ、後者が『ウパニシャッド』と呼ばれ、神の知識、宗教的な真実に関わる内容で、比較的新しく成立したという話です。その文字どおりの意味は「うやうやしく近くに座すこと」であり、また「秘密の教え」という意味も含んでいます。七世紀の注釈家シャンカラによれば、「神の知識、すなわちブラフマンの知識、無知という足かせを破壊し、最

高の到達点である解脱へと導く知識」であるというのです。〔『ウパニシャッド』日本ヴェーダンタ協会訳、一四頁〕

『ウパニシャッド』の日本語訳は、日本ヴェーダンタ協会監修〔『ウパニシャッド』日本ヴェーダンタ協会訳〕であり、「協会訳」と略称します。

その底本は *The Upanishads Breath of the Eternal*（The Vedanta Society of South California, 1948）です。本書では翻訳者 Swami Prabhavananda and Fredrick Manchester を略して「P訳」と称します。

もともと数多くあった『ウパニシャッド』は、いつ誰によって書かれたのか定かではないのです。現存するものが一〇八あり、その中でシャンカラによって本物と認められたのは一六であり、そのうち協会訳『ウパニシャッド』に収録されたものは一〇になるようです。

このうち本書では、「カタ・ウパニシャッド」、「チャーンドーギヤ・ウパニシャッド」「ブリハドアーラニヤカ・ウパニシャッド」「シュヴェーターシュヴァタラ・ウパニシャッド」「ケーナ・ウパニシャッド」「タイッティリーヤ・ウパニシャッド」などを引用しました。

ヴェーダ文献を聖典とするバラモン教は、仏教の出現に伴い『ウパニシャッド』が編纂されて、ヒンドゥー教へと改革されたと考えられています。当時の上座仏教は分派を繰り返すだけで進歩がなく、バラモン（ヒンドゥー）教から派生した宗教と見なされていたのです。

私見によれば、それに対抗して興ったのが大乗仏教であり、思想的に大改革をしたのがナーガールジュナの『中論』だったと考えられるのです。

第四節　ナーガールジュナとは

ナーガールジュナ Nāgārjuna（漢訳で龍樹《りゅうじゅ》、一五〇頃―二五〇頃）の生涯について書かれたものは、三つあるといわれています〔『龍樹』中村 元、講談社、二〇〇二年、一八頁〕。

(一) クマーラジーヴァ Kumārajīva (三四四—四一三、一説に三五〇—四〇九、鳩摩《くま》羅什《らじゅう》) 訳の『龍樹菩薩伝』

(二) チベットの仏教学者プトン (一二九〇—一三六四) による『仏教史』

(三) チベットのターラナータ (一五七五—一六三四) の『仏教史』

それらをまとめると次のとおりです。

ナーガールジュナは、南インドのバラモンの出身で、幼いころからヴェーダ文献に接し意義を理解し精通していて、著名なバラモンや王と何度も論争をし、打ち勝ったということです。また、大乗仏教についても『般若《はんにゃ》経』の著者であると思われるほどに造詣が深かったようです。

さらに諸国を遍歴して天文、地理、未来予言、もろもろの道術を体得し、穏身《おんしん》の術や神通力あるいは錬金術などの、現代風に言えば超能力を持っていたと記されています。

『中論』を解釈するうえで、神秘的な要素は絶対不可欠の要素です。そもそも、ブッダの教えには、経・律・論に著された顕教的なものの他に、神秘的な部分が存在し、後に密教として花開いたとされるからです。

第五節　『中論』のテキストについて

発祥の地インドにおいて仏教は、内部では現世利益を追求するヒンドゥー教（バラモン教の新しい形）の隆盛に押され、外部からはイスラム教の脅威に曝《さら》され続けてきました。そのため、多くの仏教僧が経典を携えてチベットへ亡命してきたのです。［『増補　チベット密教』ツルティム・ケサン／正木晃、筑摩書房、二〇〇八年、二二頁］

表１　『中論』の注釈書一覧

注釈書番号	注釈書名	注釈者	翻訳言語	生没年
(1)	中論	クマーラジーヴァ	漢訳	344-413 350-409
(2)	無畏論	ー	チベット訳	ー
(3)	順中論	アサンガ	漢訳	390-470頃
(4)	大乗中観釈論	スティラマティ	漢訳	510-570頃
(5)	根本中論註	ブッダパーリタ	チベット訳	470-540頃
(6)	般若燈論	バーヴァヴィヴェーカ	チベット訳	490-570頃
(7)			漢訳	
(8)	プラサンナパダー	チャンドラキルティ	チベット訳	600-650頃
(9)			サンスクリット本	20世紀初頭

ついに一二〇三年インド仏教最後の大拠点であったヴィクラマシーラ大僧院がイスラム軍に攻略され、インド仏教の命脈が絶たれたという話です。そのために、もともと古代サンスクリットで書かれた『中論』の原本テキストが失われ、今に残っていないのです。

現代にまで伝わるのは、表1のとおり、後世に著された散文形式の注釈書の漢訳

（古代中国語訳）とチベット訳、さらにはチベット訳から復元されたという「サンスクリット本」など九書です。〔『中論　縁起・空中の思想』（上）三枝充悳訳注、第三文明社、一九八四年、二〇頁〕

この中で、⑼「サンスクリット本」は、チャンドラキルティ（月称《げっしょう》）によるチベット語訳の『プラサンナパダー』について、いくつかのサンスクリット写本を基に、ヨーロッパの研究者が二〇世紀初頭にサンスクリット訳として出版したものだそうです〔同、三二頁〕。

第六節　まとめ

今に残る『中論』の翻訳者は、翻訳を専門にする訳僧（学問僧）または学者たちです。彼等は合理的な論理を駆使して真理を追究するのが仕事です。矛盾や不合理なことは排除しなければなりません。

少なくとも日本において、歴史上最も重要視されてきたのは⑴クマーラジーヴァ（三四四―四一三、一説に三五〇―四〇九項）訳『中論』（漢訳）です。

訳僧であるクマーラジーヴァの生涯は波乱に満ちていたが、非常に優秀なために時の王に重用され、無理やり妻を娶《めと》らされ、女犯《にょぼん》の破戒僧として環俗《げんぞく》し、それ以降、翻訳の仕事に打ち込んだといわれています。その生涯で唯一の神秘的な出来事は、『放光経《ほうこう》』を読んでいたとき、魔物が出てきてそれを覆って見えなくしたのを追い払い、開眼したという。つまり、並外れた超能力はなかったと考えられます［『羅什』横超慧日／諏訪義純著、大蔵出版、一九八二年］［『高僧伝㈠』慧皎著、吉川忠夫／船山徹訳、岩波書店、二〇〇九年］。

したがってクマーラジーヴァの漢訳本には、仏教の神秘的部分が抜け落ちていると考えられるのです。

それに対して、ブッダとナーガールジュナは、今風に言えば、信じられないような超常現象を起こした人たち、つまり宗教家だったのです。

第三章　翻訳について

『中論』は、サンスクリットの原典が失われ、漢訳とチベット語訳しか残っていないので、現代日本語への訳出に当たって、それらの言語を比較してみることにします。

図2のように、言語の分類方法として語族と文字型に注目しました。

原典のサンスクリットはヨーロッパ語と同じインド・ヨーロッパ語族に属していて、しかも表音文字で表記されるので、両者は極めて近い関係にあります。

一方で、注釈書が伝わるチベット語は、シナ・チベット語族でありサンスクリットと異なる語族なのですが、同じく表音文字なので比較的対応関係が取りやすいと思われます。

それに対して、漢訳（古代中国語による訳）は、シナ・チベット語族であるとともに、表語文字（表意文字）なので、インド・ヨーロッパ語族とは乖離《かいり》していて、一対一の対応が困難になります。

それにもまして、日本語はアルタイ語族に属すという説もありますが、どこにも

図2『中論』の翻訳言語の遠近比較

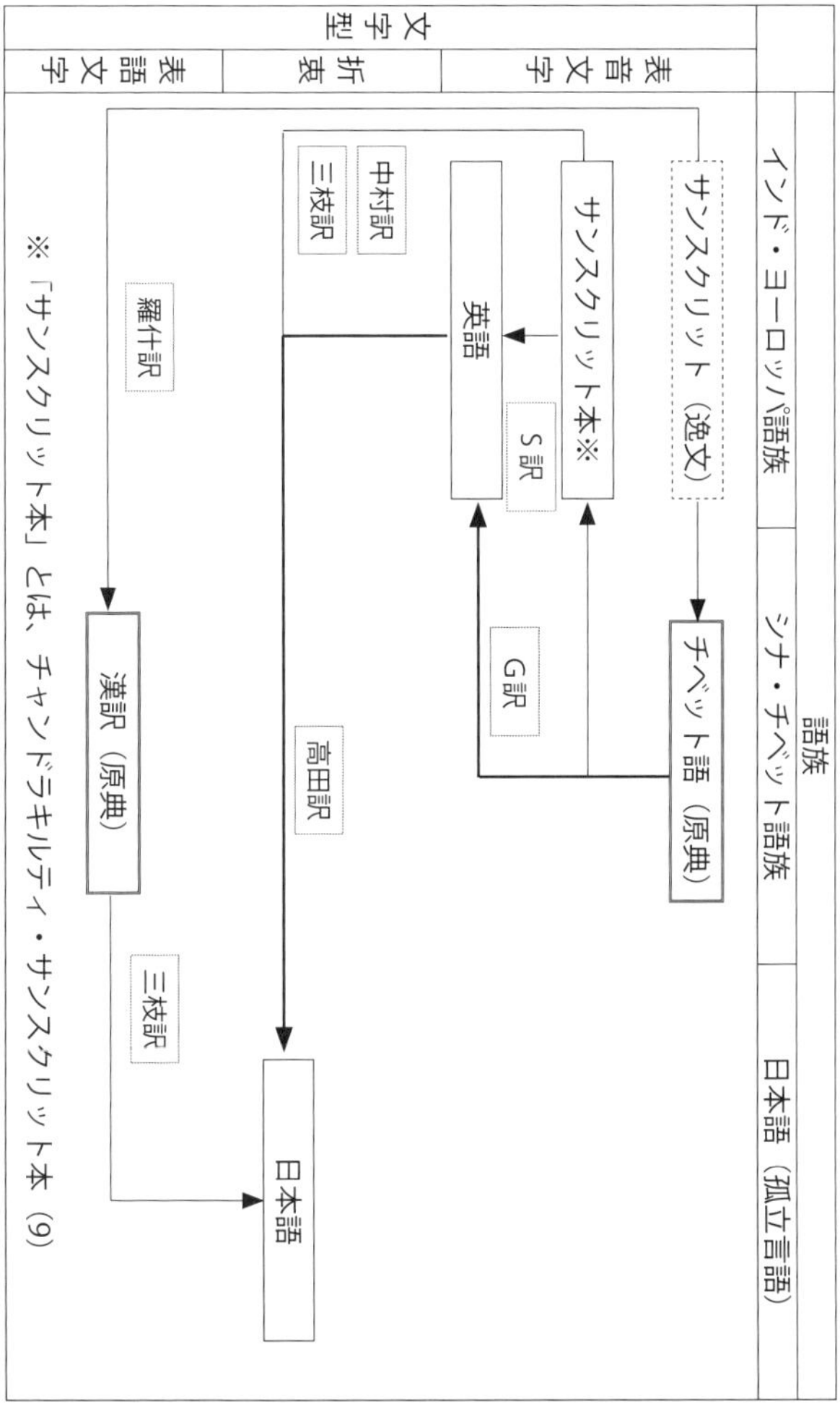

属さない孤立言語ともされています。しかも表音文字と表語文字を折衷するという特殊な言語なのですが、外国語を翻訳するにおいて少なくとも一五〇〇年以上の歴史を持っています。

第一節　チベット語訳

インドからチベット地域へ、仏教が最初に伝わったのは七世紀中ごろだという説があります。

八世紀には『金光明経《こんこうみょうきょう》』が伝わり、護国や除災などの呪術的な経典として受け入れられたのです。

余談になりますが、奇しくも同時期の八世紀、日本でも『金光明最勝王経』(『金光明経』とは訳者が異なる)が伝わったとされています［『増補チベット密教』四二頁］。

話を戻して、仏教は唐およびネパールから別々のルートで古代チベット王国（吐《と》蕃《ばん》）に伝わったため、チベットではインド仏教と中国仏教がしばらく対決を続けていましたが、八世紀末になってインド仏教に統一されたのです。さらに、九世紀には仏典のチベット語訳が盛んになり、仏教訳語が統一されたということです［同、四二頁］。

このために、チベット語とサンスクリットはほぼ一対一で対応できるようになり、多くのチベット語訳された仏典が現存し、逆にサンスクリットに還元できるというのですが、風土文化も言語形態も異なる二つの言語が、完全な一対一の対応関係を持つことは不可能だと思います。

チベットが中国と異なることは、言語体系や文字だけではありません。仏教が伝来する前から、ポン教（ボン教）という土着の信仰があったのです。このポン教は、自然や自然現象の背後に神々を感得する宗教であり、神々の意志を霊媒によって知り、除災や招福をはかったのです。

八世紀にパドマサンバヴァという密教行者がインドからやってきて、強大な霊力でチベット土着の神々を次々に調伏《ちょうぶく》していったということです。今でもこのパドマサンバヴァは、日本でいえば役行者《えんのぎょうじゃ》と行基《ぎょうき》に弘法大師を合体させたような存在といえるかもしれないのです。〔『増補チベット密教』四四頁〕

日本において、古代の神道が密教と習合していくさまと似ていると思われます。そういう意味で、西洋文化に歪曲《わいきょく》された「サンスクリット本」より、英語訳経由のチベット語訳の方が、日本語訳への近道を開いてくれそうです。

結局のところ、本書においては、チベット語訳からの英訳であるG訳（五節にて詳説）を、日本語訳のテキストとして使用することが最適だと考えられるのです。これによって、チベットと日本に共通する密教的な神仏習合をとおして、論理的な解釈以外の、いわば密教的なアプローチを試みることができると思います。

第二節　英語訳

イギリス人によるインド古典研究の始まりは、初代のインド総督（当初はベンガル総督）がインド統治の必要から、サンスクリットで書かれた古来の法典の重要事項を抜粋して編集させたことにあるということです。一七八五年、Ｃ・ウィルキンズが『バガヴァッド・ギータ』の英訳を発表し、初めてインド古典がサンスクリットから直接英語に翻訳されたようです。［『世界の名著1　バラモン経典　原始仏典』八頁］

その後、サンスクリットが、ギリシャ語・ラテン語と緊密な親縁関係にあることが指摘され、一八一六年に印欧比較言語学が成立したことで、インド古典の翻訳や研究がヨーロッパ全般に広まったそうです。この中には、当然仏教経典も含まれていました。

一八八一年にパーリ聖典協会（Pali Text Society）が発足し、『阿含経』などパーリ語で書かれた上座部（小乗仏教）の経典もヨーロッパ語に翻訳されるようになりました。

パーリ語は、サンスクリットの俗語に当たり、同じインド・ヨーロッパ語族に属しているのでほぼ一対一の対応関係が成り立つのです。さらに、チベット語からの翻訳も行われ、ヨーロッパ語を中心にして、サンスクリット、パーリ語、チベット語の総合研究が行われることになったのです。

従って、ヨーロッパでは上座部仏教の研究が盛んなために、「仏教はヒンドゥー教から派生した宗教であるために、両者には業や再生、宇宙論に関する信仰について共通する部分が多い」という偏った見方がされているようです〔『オックスフォード仏教辞典』末木文美士監訳、豊嶋悠吾編訳、朝倉書店、二〇一六年、二八四頁〕。

第三節　漢訳について

表2によると翻訳回数が最少なのは羅什訳による青目《しょうもく》釈《しゃく》羅什《らじゅう》訳の漢訳テキストです。明治時代前半まで、日本における仏教研究は漢訳に頼ってきました。

仏教が中国に伝わったのは、意外に早く後漢の永平年間（五八―七五）だったようです。中天竺《ちゅうてんじく》（インド中央地域）出身の仏教僧だった摂摩騰《しょうまとう》（迦葉摩騰《かしょうまとう》、カーシュヤ・マータンガ、**kāśyapamātaṅga**、生没年不明）は、時の皇帝から長安に迎えられ、

表２　サンスクリット原典が失われた『中論』の翻訳回数

訳書呼称	1次翻訳	2次翻訳	3次翻訳	4次翻訳
G訳	チベット語	英語	日本語（高田訳）	
S訳	チベット語	サンスクリット	英語	日本語（高田訳）
中村訳	チベット語	サンスクリット	日本語	
三枝訳	チベット語	サンスクリット	日本語	
羅什訳	漢訳	日本語		
西嶋訳	チベット語	サンスクリット	日本語	

『四十二章経《しじゅうにしょうぎょう》』を翻訳したといわれます〔『高僧伝 ㈠』二七頁〕。その住居跡は、現在の洛陽城西面の雍門《ようもん》の外の白馬寺であると伝えられています。その後、多くの高僧が渡来し仏典を漢訳しました。

『中論』の漢訳の注釈書三つのうち、もっとも時代が古いものは、『青目釈羅什《しょうもくしゃくらじゅう》訳中論』です。この書は、その後の中国と日本の仏教に多大な影響を与えたものです。この書名の意味は、サンスクリットで書かれた『中論』を、クマーラジーヴァ **Kumārajīva**（鳩摩羅什、三五〇―四〇九頃）が漢訳し、それを青目《しょうもく》（生没出自不明）という人が解釈し説明文をつけた、という意味です。「羅什訳」と略称します。

この漢訳は、因縁《いんねん》、四諦《したい》、空《くう》、涅槃《ねはん》、如来《にょらい》、等々、現代にまで残る仏教用語の語源となっています。

クマーラジーヴァの時代、つまり西暦二〜三世紀の中国においては、サンスクリットで書かれた仏典を漢訳（古代中国語訳）する場合に、相当する語彙がなかったのです。

例えば、「法」という言葉が、中国の古文献に登場するのは、『孫子』と司馬遷《しばせん》著『史記』などです。古代中国で「法」という言葉は、今の法律や法制に近い限定的な意味しか持っていなかったのです。それを無理やりに「存在」bhāvaや「ダルマ」dharma、「アートマン」ātmanなど様々な意味に拡大して翻訳せざるを得なかったのです。「法」という訳語を、クマーラジーヴァは『中論』の中で二〇七回も使っています。

それに対するサンスクリットはまちまちであり、逆に「ダルマ」も、原理、教え、法、真理、など様々に訳し分けていて統一性がありません。つまり、「ダルマ」が「法」に一対一で対応するのではないのです。〔『中論（上）』三枝充悳訳注、九五頁〕

サンスクリットは英語と同じくアルファベットで表記する抽象的な言語です。それに対して、中国語は漢字一文字で具体的な意味を示すものなのです。

また、中国語には表音文字がないので漢字で音写すると別の意味が生まれてしまいます。例えば、「涅槃《ねはん》」はサンスクリット「ニルヴァーナ」nirvāṇa の音写です。結局のところ、クマーラジーヴァをはじめとする漢訳は、翻訳のテキストとして適当ではないことが判ったといえます。

第四節　日本語訳

日本の仏教は、欽明《きんめい》天皇一三年百済から仏像と共に経典が伝わったとされますが、どのような経典であったか明らかではありません。本格的に仏典がもたらされるようになったのは、七世紀初頭に始まる遣隋使《けんずいし》からです。その結果、奈良時代には南都六宗の寺が建てられ、学僧が日本語訳を始めたのです。

文法も表記方法も文化も全く異なる漢文を日本語として読む苦労は並大抵のこと

ではありません。『古事記』「仮名序」において、太安万侶《おおのやすまろ》はその苦労を記しています［『新訂　古事記』武田祐吉訳注、角川書店、一九七七年、二〇七頁］。その結果、生まれたのが「読み下し文」であり「仮名」であったのです。

平安時代には遣唐使として、空海が真言密教の経典と実践方法を、また最澄《さいちょう》が膨大な仏典を、それぞれに招来しました。

鎌倉時代になって、法然は、最澄の招来した膨大な漢訳仏典の解読が正当な道であるけれども、それを読みこなすことが困難であると知り、無知文盲の大衆のために念仏を唱えるという浄土宗を興したのでした［『選択本願念仏集――法然の教え』阿満利麿訳・解説、角川学芸出版、二〇〇七年、二〇頁］。その影響を受けて、弟子の親鸞《しんらん》は浄土真宗［『歎異抄』金子大栄校訂、岩波書店、一九五八年］を、さらに日蓮は法然のアンチテーゼとして法華宗を興したということです［日蓮『立正安国論』佐藤弘夫訳注、講談社、二〇〇八年］。

このように、漢訳を解読することの困難さから、日本の仏教は民衆を救うために、念仏という世界に類を見ない独自の発展を遂げたのでした。

明治の初期以来、日本はヨーロッパのインド研究を学び取ることを始めました〔『世界の名著1　バラモン経典　原始仏典』一一頁〕。

一八七六年に南条文雄はロンドンに留学し、帰国後一八八二年にはじめてサンスクリットを講じたという話です。しかしその関心は言語的興味ではなく、仏教の研究に向けられ、現代に至っています。

他方において、『阿含経典』は、漢訳とパーリ語訳があります。中国や日本では伝統的に無知鈍根な人々のための経典として無視されてきましたが、近年になってヨーロッパの学者によりパーリ語の聖典からの翻訳研究が盛んになり、明治維新以後になってから、日本においても原始仏教の研究に至ったのです。この上座部仏教は『中論』の論敵の一つに数えられています。

このように日本において、ヨーロッパ語を通して、パーリ語やチベット語などの仏典が研究されるようになったのです。本書もその例外ではありません。

第五節　テキスト

現在、『中論』のテキストとして、手に入れやすいものは英語と日本語の現代語訳で表3のとおり次の五書です（順不同）。これらの詳細は以下のとおり。

（一）「G訳」はGarfield訳の略称です［*The Fundamental Wisdom of the Middle way Nāgārjuna's Mūlamadhyamakakārikā*, translatation and commentary Jay L. Garfield, Oxford University Press, 1995］。チャンドラキルティ（月称）による『プラサンナパダー』のチベット語訳をテキストとしています。

これに対して、他の四書は「サンスクリット本」をテキストとしていて、この両者の間には差異があるそうです。G訳の序文にそのことが述べられています。さらにこの訳は、仏教研究者のためにではなく、哲学者や学生のために書かれたものだということです。仏教研究者向けの訳本は、禅の思想、説一切有部《せついっさいうぶ》、プラコミュニティ（帰謬《きびゅう》論証派）などの立場により解釈が大きく異なるため、特定の見解に偏らないようにしたようです。

それ以上に、私がこの訳本を解釈の中心に置いた理由は、存在 existence、本質 essence、原因 cause、知識 knowledge 等々のキーワードが、『ウパニシャッド』の英訳本［The Upanishads Breath of the Eternal (Selections), The Vedanta Society of South California, 1948］やラッセルの哲学書［The Problems of Philosophy, Bertrand Russell, Dover Publications Inc., 1999］［『哲学入門』バートランド・ラッセル著、髙村夏輝訳、筑摩書房、二〇〇五年］と共通していて、さらにそれらに日本語訳本があるので、比較検討する助けとなってくれるからです。

（二）「S訳」は、Siderits 訳の略称です［*Nāgārjuna's Middle Way Mūlamadhyamaka-*

kārika, Mark Siderits and Shōryū Katsura, Wisdom Pufiications, 2013]。共著者は Shōryū Katsura（桂紹隆　敬称略）という日本の仏教研究者なので、日本の伝統的な漢訳の影響下にあると推察されます。このことは、我々日本人にとって理解しやすいという長所がありますが、先入観にとらわれやすいという反面を持っています。

表３　翻訳書の比較

書名	訳書呼称	訳注者	テキストとなる注釈書	注釈書番号
The Fundamental Wisdom of the Middle Way	G訳	Jay L. Garfield	チャンドラキルティ（チベット訳）	(8)
Nāgārjuna's Middle Way	S訳	Mark Siderits Shōryū Katsura	チャンドラキルティ（サンスクリット）	(9)
龍樹	中村訳	中村元	チャンドラキルティ（サンスクリット）	(9)
中論	三枝訳	三枝充悳	チャンドラキルティ（サンスクリット）	(9)
	羅什訳		クマーラジーヴァ（漢訳）	(1)
中論	西嶋訳	西嶋和夫	チャンドラキルティ（サンスクリット）	(9)

（三）「中村訳」［『龍樹』中村 元、講談社、二〇〇二年］は、仏教用語を除いて、内容的にG訳とだいたい一致しているようです。日本語に翻訳する場合において大いに参考とさせていただきました。

（四）「三枝訳」［『中論（上）（中）（下） 縁起・空・中の思想』三枝充悳訳注、第三文明社、一九八四年］について、語彙は中村訳に近いのですが、論敵の設定箇所が独自で、賛同しかねます。サンスクリットテキストとクマーラジーヴァの漢訳の部分は参考にさせていただきました。

（五）「西嶋訳」［『中論 Mūlamadhyamakakārika』ナーガールジュナ（竜樹尊者）著、西嶋和夫訳、金沢文庫、一九八四年］は、他の四つの訳との間に大きな乖離があるので、参考にしませんでした。

本来はサンスクリットやチベット語のテキストから直接日本語に訳出すべきでしょうが、これらの言語を一から勉強しても、今の私の英語の解読力には到底及ばないでしょう。

それよりも、研究者が厳密な理論で訳出した英語と日本語の四つの訳書を比較検討する方が遥かに近道だと考えたのです。

第六節　まとめ

日本は有史以来ずっと海外の文化を取り入れてきました。このために日本語を、それに適した形に整えてきたのです。

前章で少し触れましたが、遣隋使・遣唐使によりもたらされた膨大な量の仏典は、古代中国語をそのままにし「返り点」などの記号を付けて、日本語の語順で読解できるようにしたのです。この方法は「漢文訓読」と呼ばれます。

そのようにしてクマーラジーヴァ（龍樹）による漢訳文が読まれてきたために、現代においても「縁」や「因縁」という言葉が残っているのです。

明治時代になって、日本政府により高給で招聘《しょうへい》されたいわゆる「お雇い外国人」によって西洋文化がどっともたらされました。例えば、一八七二年（明治五年）イギリス人シャンド**Alexander Allan Shand**は、大蔵省の主任であった渋沢栄一に銀行実務を教えたということです［『お雇い外国人——明治日本の脇役たち』梅溪昇著、講談社、二〇〇七年、一二七頁］。このとき渋沢栄一は、英語の**Bank**を「銀行」と訳したといわれます。

余談になりますが、この「銀行」という訳語は中国へ逆輸入されています。現代の中国語の言葉には、同様のものが数多く使われています。中華人民共和国という国名も、「中華」以外はすべて日本語なのです。

第二次大戦後、日本にアメリカの文化が急速に広がり、さらに、コンピュータの普及とともに、英語などの外国語を発音のままカタカナ表記をするようになり、現在に至っています。

したがって、『中論』の訳出に当たり、本書の方針としては、

（一）文章について、基本的にG訳から訳出し、疑義が生じた場合に中村訳を参照する。

（二）用語について、漢訳は排除し、サンスクリット原義を基にして、G訳を中心に、中村訳、S訳、三枝訳を総合判断する。

（三）抽象的な英単語について、平易な漢字かな交じり文、またはそのままカタカナで表す。

（四）プラトン、アリストテレス、さらにはラッセルなど西洋哲学との対比も考慮する。

（五）訳者はすべて研究者（学者）なので、その立場上の限界を考慮する。『中論』は哲学書ではなく宗教書なのである。

第四章　『中論』の文体

『中論』は、翻訳本によって異なるが、「帰敬序《ききょうじょ》」とよばれる序文と、四四五ないし四四七の詩文で構成されていて、二七の章に区切られています〔『中論（上）』三枝充悳訳注、一六頁〕。この章に当たる区切りは伝統的に「品《ほん》」、各詩文は「頌《じゅ》」と呼ばれていますので、本書でもそれに従うことにします。

『中論』を最初から読み始めようとすると、疑問文や否定文や仮定形、さらには有や無などの言葉に惑わされ、最後まで読み通して理解するのが困難になります。

そこで、読みやすくするために、独特の文体についてあらかじめ検討しておきます。

第一節　疑問文が多いこと

『中論』の本文をざっと概観すると、「どうして～なのか？」などの疑問文が非常に多いことに気づきます。漢訳や日本語訳には「？」のマークがないのですが、G訳では一七六か所を数えます。

日本に古くからある漢文には、疑問文の形式を持つ二つの文体があります。一つは単なる疑問文、第二に「反語文」があります。両者の形式が同じなので、判別は前後の意味で類推することになります。しかし、意味は全く逆になってしまうのです。

それを読み下した日本語は、漢文の影響が非常に大きいので、反語として解釈してしまう傾向にあります。因みに『大辞林』によれば、「反語」とは、話し手が自分の考えを強く言うために、主張と反対の内容を疑問の形で表現することです。

私見では、『中論』の疑問文は反語のように否定的なものではなく、対話における問いかけと捉えるべきだと思います。

『中論』の翻訳元であるチベット語テキストや、さらには大本のサンスクリットに、そのような語法があるかどうか、私に知る術はないので、G訳をベースに話を続けることにします。ご存じの方がいらっしゃいましたら、ご教授いただければ幸いです。

ともかく、「疑問文」が多いことの理由は、対話形式であることが考えられます。論敵の信じる『ウパニシャッド』は、様々な登場人物同士の対話で構成されます。例えば、「ブリハドアーラニヤカ・ウパニシャッド」〔『ウパニシャッド』日本ヴェーダンタ協会訳、一八九頁〕には、

「カホーラが質問した。ヤージュニャヴァルキヤよ、究極にして直接に知られたブラフマンであり、ブラフマンそれ自身である、そのように直観される、一切の内部に棲むアートマンとは何か？」

とあります。

また古い仏典の多くも対話形式で構成されます。例えば、上座部（小乗）仏教の経典『阿含経典』〔『阿含経典1』一二七頁〕で、「かようにわたしは聞いた」（漢訳「如是我聞」〔『現代語訳「阿含経典」長阿含経第1巻』一〇六頁〕）という決まり文句で

始まり、次に場面の説明があってから、「比丘たちよ、縁起とは何であろうか」というような疑問文が発せられるのです。

ここで私は、プラトンの「対話篇」をも思い出しました。対話形式は、自己主張が強くて議論好きなアーリヤ人の特徴なのかもしれません。因みに、本書で「アーリヤ人」とは、インド・ヨーロッパ祖語を話す人々という、最も広い意味で使っています。

ともかく、疑問文は論敵との対話形式であると解釈することにします。

第二節　「アル」と「存在」について

日本ヴェーダンタ協会訳「チャーンドーギヤ・ウパニシャッド」〔『ウパニシャッド』日本ヴェーダンタ協会訳、一四三頁〕に、「微細な本質であるところのもの——

その中に万物は存在する。それは真実である。それはアートマンである。」とあります。ここで、P訳［七一頁］では「万物」にall beingsと「存在」にexistenceが対応されています。

別の行［『ウパニシャッド』日本ヴェーダンタ協会訳、一四一頁／P訳、七一頁］に、「微細な本質であるところのもの――その中に万物は存在する。」とあり、日本語訳では同じように繰り返しているように見えますが、実はこの文では「万物」をall thingsと表現しているのです。つまりbeingとthingは同じことを意味していて、existent（存在）とは全く違う概念であることがわかります。

日本語と中国語では両方とも「有《う》」であり区別がないのですが、インド・ヨーロッパ語では厳密に区別され、古代ギリシャにおいては哲学上の命題になり、様々に議論されてきたようです。詳しくはアリストテレス著『形而上学（上）』［出隆訳、岩波書店、一九五九年、二六三頁］の訳者注第五巻七章（二）を参照のこと。

英語のexistenceの語源は、ラテン語ex-sistereで「外に立ち出たもの」の意で、現実に存在していることをいうのです。そして、これについての日本語訳は、実存、実在、存在のように、場合によって使い分けられますが、ここでは「存在」とします。

因みに、「実存」は一九世紀の実存主義 existentialism の意味合いがあります。二〇世紀の哲学者ラッセルは、思考や感情、心、物的対象などの限定的なものは existence「存在」に対して、時間的に制約されない普遍的なものを being「アル」としました〔『哲学入門』バートランド・ラッセル著、髙村夏輝訳、筑摩書房、二〇〇五年、一〇二頁〕。なお、英語 not being に対応する日本語について、「アル」の否定語として文法上は「アラナイ」と表現されるかもしれないが、一般的でないので「ナイ」とします。

以上のことから、表4のとおり、一般的にあるものは「アル」being とし、そこにいま限定的にあるものは「存在」existence ということにしました。

表4
「アル」と「存在」の訳語

サンスクリット語	英語	漢訳	高田訳
bhāva	being	有	アル
nabhāva	not being	無	ナイ
astitva	existence	有	存在
nāstitva (na+astiva)	non-existent	無	不存在

第三節　「存在」と「不存在」

『リグ・ヴェーダ』の「宇宙開闢《かいびゃく》の歌」の辻訳〔『リグ・ヴェーダ讃歌』辻直四郎訳、岩波書店、一九七〇年、三二二頁〕として、

「そのとき（太初において）無もなかりき、有《う》もなかりき。空界もなかりき、その上の天もなかりき。」

とあります。ここで「無」はDoniger英訳でnon-existenceとあり、

「有《う》」は existence と訳されています〔*The Rig Veda*, translated by Wendy Doniger, PenguinBooks, 1981, p. 25〕。

それから何百年かの時代が下って、日本ヴェーダンタ協会訳の「チャーンドーギヤ・ウパニシャッド」〔『ウパニシャッド』日本ヴェーダンタ協会訳、一三八頁〕では、「原初、存在〔有〕のみがあった。唯一であり、第二のものはなかった。ある人は『原初、そこには不存在〔無〕のみがあった。そしてその不存在〔無〕から宇宙が誕生した』という。しかし、どうしてそのようなことが可能であろうか?」とあります。この時代になると『リグ・ヴェーダ』がほとんど忘れられていたと思われます。

それはさておき、「存在〔有〕」と「不存在〔無〕」は、それぞれサンスクリット astitva と nāstitva の訳語です。ここで nāstitva は astitva に否定の接頭語 na- が付加されて、さらに短縮された単語なのです。これは英語の non- であり not の意味になるので、それらは existent と non-existent に相当し、この二つが常にペアとなって登場するのです。

また、G訳の『中論』一品十四頌には、conditions「コンディション」とnon-conditions「不コンディション」という奇妙な言葉が登場しています。これは、一つの概念（言葉）とその否定形とが一対の「ペア」となっているというインド哲学独特の思考であるようです。

一方で、同じアーリヤ人でありながら、ギリシャから始まるヨーロッパ哲学では、実在論であれ認識論であれ、事物のexistence「存在」を扱うのであって、non-existenceは形式的な語法としてはあるものの、形而上学で扱う対象になっていないのです。

他方、古代中国においては、『荘子』〔『荘子第二冊〔外篇〕』荘子著、金谷治訳注、岩波書店、一九七五年、一一五頁〕に「泰初〔すなわち天地の初め〕には『無』があった。存在するものは何もなく、名まえもなかった。そこに『一《いち》』が起こったが、『一』はあってもまだ形はなかった」とあるように、「無」と「有」はペアではありません。

もちろん、日本語にもそのようなペアはありません。漢文を準用して、否定語の動詞には「不」、名詞には「非」を付すことが通例になっていますが、使い分けが面倒なので、英語の non- という接頭語に相当する語に対して形式的に「不」を当てることにしました。

例えば、「存在」は動詞と名詞と両方の使い方があるのですが「不存在」に、また、「原因」は名詞なのですが、もともとそんな日本語がないので「不原因」に統一することとしました。

このように、ある単語と、同じ単語に否定の接頭語を付した言葉とは、一組（ペア）として形式的に扱われるので、日本語の翻訳としては否定語を無視することが理解しやすいと思います。

第四節　肯定文と否定文の並列

『中論』では、否定文と肯定文を並立させるという文体を多用しています。

例えば、十八品六頌、

アートマンがあるということは教えられた、そして不アートマンの教理も。ブッダたちにより、アートマンもなく不アートマンもないという教理と同じように。

この頌を要約すると、「アートマンと不アートマンがあり、アートマンも不アートマンもない」となり、二つの文が互いに矛盾しているように見えます。

三節のとおり「アートマン」と「不アートマン」はペアなので、否定形を無視すれば、この頌は「アートマンがあり、アートマンもない」となります。このことは、「アートマンには実体がない」ということを意味していると考えられるのです。

というのも、「もし〜でないとすると、……でない」と「もし〜であるとすると、……でない」とが共にある場合、「帰謬《きびゅう》法」の論理自体を逆手にとって、「実体がない」ということを表現していることになるのではないかと思います。

因みに、「帰謬法」reduction to the absurdとは、「背理法」とも呼ばれ、ある命題を証明したいときに、その命題が偽であると仮定して、そこから矛盾を導くことにより、その命題が偽であるという仮定が誤り、つまりその命題は真であるということです。

この説明は、アリストテレスの『分析論前書』〔『アリストテレス全集1』山本光雄他訳、岩波書店、一九七一年、三七七頁〕に出てきますが、ナーガールジュナがそのことを知っていたかどうかは分かりません。

第五節　仮定法について

サンスクリットの文法に仮定法があるかどうかは知りませんが、英語のG訳には仮定法現在形と仮定法過去形が明確に使い分けられています。

例えば、現在形でIf I have a lot of money, I could buy a car. は、条件文として「沢山お金があれば、車を買える」と、そのまま訳すことができます。また、形式的に条件節（If節）と帰結節の両方ともに、肯定文と否定文を裏返して「沢山お金がなければ、車を買えない」と言い換えることもできます。

他方、過去形でIf I had a lot of money, I could buy a car. は、「もしも、沢山お金があれば、車を買えるのだが」と訳して、言外に「お金がないので車を買えない」ということを示唆しているのです。つまり、現実に反することを仮定・想像・願望しているのです。

それに対して、漢文と日本語には、このような文法上の使い分けはありません。そこで形式的に、現在形では、単に条件を提示するように、「もし……なら、……である」と訳し、そのまま裏返して「……でないなら、……でない」と言い換えることができます。

他方、過去形については「もしも、……であるとするならば」と訳出し、条件文の現実を否定して「……でないので、……ない」という意味を含ませています。この表現は、日本語として最適であるとは思いませんが、論理性を優先させることにしました。

第六節　まとめ

以上この章をまとめると、『中論』の文体は、

・疑問文は論敵との対話形式である。
・「アル」と「存在」は使い分ける。
・ある単語とその否定形は、ペアとして形式的に扱い、否定形を無視する。
・肯定文と否定文の並列は、実体がないことを意味している。

・仮定法現在形は条件文としてそのとおりに訳せるし、形式的に裏返すこともできる。
・仮定法過去は現実に反する仮定・想像・願望を表している。

第五章　論敵はバラモン

『中論』の各所には、ナーガールジュナと論敵の議論が展開されています。この論敵とはいったい誰なのでしょうか。歴史的には様々な説があったようですが、主な論敵がバラモンであるという仮説を、私は提唱したいと思います。

その根拠は二つ。第一に、先述のとおり、ナーガールジュナが南インドのバラモンの出身で「ヴェーダ」に精通していて、著名なバラモンや王と何度も論争をしていたということです。

第二に、『中論』と『ウパニシャッド』に共通のキーワードが多いことです。表5は、横軸に『中論』の品《ほん》番号とそのG訳の表題を並べ、縦軸には、それらに対応する『中論』の各訳語、ならびに『ウパニシャッド』の訳語を配置しています。

この表において、『中論』の全二十七品のうち十二品において、G訳と『ウパニシャッド』のP訳とが共通していて、しかも二十四品を除いて、十九品より前に偏在していることに気づかされます。

この意味は、前の方ではバラモンが信奉している『ウパニシャッド』の内容に対

表５　『中論』における品名の訳語対比

					『ウパニシャッド』	
品	G訳	S訳	中村訳	髙田訳	P訳（注）	協会訳（注）
03	Senses	the Āyatanas	認識能力	感覚	senses	感覚器官
05	Elements	the Dhātus（要素）	要素界	要素	elements	物質、地水火風、要素
06	Desire and the Desirous	Desire and the One Who Desires	貪りによごれること と貪りに汚れた人	欲望と欲する人	desire desirous	欲望と
10	Fire and Fuel	Fire and Fuel	火と薪と	火と薪	fire/fuel	火神
12	Suffering	Suffering	苦しみ	苦しみ	suffering	苦悩、苦しみ
15	Essence	Intrinsic Nature	〈それ自体〉自性	本質	essence	本質
17	Actions and Their Fruits	Actions and Their Fruits Action and Fruit	業と果報と	行為と成果	actions fruit	行為と果報
18	Self	the Self	アートマン	アートマン	self	アートマン
19	Time	Time	時	時	time	時間
24	the Four Noble Truths	the Noble Truths	四つのすぐれた真理	優れた真実	truths	真理・真実

（注）　Swami Prabhavananda and Fredrick Manchester 訳［The Upanishads Breath of the Eternal, Translated by Swami Prabhavananda and Fredrick Manchester,The New American Library, 1948］

協会訳　日本ヴェーダンタ協会訳［『インド思想史』Ｊ・ゴンダ著、鎧 淳訳、岩波文庫、二〇〇二年］

して、ナーガールジュナが反論していて、後の方で持論を展開していることを示していると思います。

第一節 「火と薪」

四つのヴェーダ文献のうち最も古いものが『リグ・ヴェーダ』です。これは西暦前一二〇〇年を中心として長い間に作られた、神々に捧げられる讃歌だといわれています〔『リグ・ヴェーダ讃歌』辻直四郎訳、岩波書店、一九七〇年、五頁〕。多数の神々の中で最も讃歌の多いのはインドラの神であり、二番目がアグニの神であるというのです〔同、八三頁〕。サンスクリットで「アグニ」Agniとは、英語でfire「火」を意味し、神格化されて全讃歌の五分の一を占めるほど重要な神になっています。

この「アグニ」は、古くは火炉の火の崇拝から、天上では太陽として輝き、空中を電光としてひらめき、他界においては祭式の聖火として燃え、また魔類を焚殺《ふんさつ》し、浄化すると説かれています。

アグニの言葉として、「〔われを〕神々のもとに達せしむ・〔われ〕アグニのすべての祭薪は。」とあり〔同、一〇〇頁〕、祭式において火神アグニは、火に供えられた供物を神々のもとへ運び、また神々を祭式の場へ運ぶという仲介者としての役目を果たすとされます。

同様に、『ウパニシャッド』においても「アグニ」Agni すなわち fire「火」は、神聖な神を意味しています。この祭式で薪は護摩《ごま》として神聖なものとされ、今も日本の修験道などに痕跡が残っています。

それに対して、『中論』三品三頌、

火の例は視覚を説明できない。動かされたものと動かされなかったものと動作と一緒に、そのことはすでに答えが出された。

『中論』の中の「火」は、視覚や運動と同等に議論されるものであって、決して神聖なものではない。わざわざ十品において「火と薪」を考察するのは、ナーガールジュナがバラモンを論敵とみなしていることの一つの証拠とみなせるのです。

第二節　因果律と「原因なき原因」

「カタ・ウパニシャッド」協会訳〔『ウパニシャッド』日本ヴェーダンタ協会訳、五五頁〕に、「感覚器官は物質的対象に由来する。物質的対象は思考器官に由来する。思考器官は知性に由来する。知性は自我意識に由来する。自我意識は未顕現の種子に由来する。そして、未顕現の種子はブラフマン――原因なき原因に由来する。」とあります。ここで、六回繰り返される「由来する」という言葉は、P訳で derive from です〔同、一九頁〕。これは原因と結果のような、一方方向で不可逆的な従属関係を表しています。すなわち、因果律の論理を意味しています。

さらに、**「由来する」**すなわち因果律の連鎖は、図3のとおり、最終的に**「原因なき原因」**に辿り着きます。これは、あらゆる因果律の起源である第一原因を意味していると思います。

図３『ウパニシャッド』の由来の連鎖

ブラフマン	Brahman
＝	
原因なき原因	Uncaused Cause
⇓由来する	derive from
未顕現の種子	unmanifested seed
⇓由来する	derive from
自我意識	ego
⇓由来する	derive from
知性	intelect
⇓由来する	derive from
思考器官	mind
⇓由来する	derive from
物質的対象	phisical objects
⇓由来する	derive from
感覚器官	senses

因みに、ギリシャの哲学者プラトンは『パイドン』〔『パイドン——魂の不死について』プラトン、岩田靖夫訳、岩波書店、一九九八年、九五頁〕において、「ケベス、君の求めている問題は容易ならぬものだ。なぜなら、その問題は、生成と消滅について、その原因を全体的に徹底して論究することを要求しているからだ。」とあ

り、同じように因果律を示しているのです。

このことは、アリストテレスの『形而上学』に、「この第一のものが実体であるところの学の場合には、諸々の実体についてその原理や原因をとらえることが哲学者のなすべきことであろう」とあり〔『形而上学（上）』一一四頁〕、いわゆる「アリストテレスの第一原因」と呼ばれています。

結局のところ、『ウパニシャッド』には因果律と第一原因の「原因なき原因」が存在することになります。

第三節　物質的対象と感覚器官について

逆に、「由来する」の連鎖を辿ると、最初のものが「物質的対象」とあることから、物質的対象が感覚器官の原因となるもの、すなわち実際に存在する実在であるとしています。

また、「ブリハドアーラニヤカ・ウパニシャッド」〔『ウパニシャッド』日本ヴェーダンタ協会訳、二〇二頁〕においても、「視覚によって対象物は知られるからです。」とあり、対象物の存在を示しています。しかしながら、図3に見られるように、「感覚器官」が一番下に位置していて、論理的に誤りであることが判ります。

また、感覚器官 senses について、『ウパニシャッド』においては、眼・耳・鼻・舌・皮膚の五つとされます〔『ウパニシャッド』日本ヴェーダンタ協会訳、用語解説五頁〕。そして、これは図3「由来の連鎖」において、マナス manas = mind（思考器官）の下位に位置しています。

第四節　アートマンとブラフマンと本質

（一）アートマンについて

「ブリハドアーラニヤカ・ウパニシャッド」〔『ウパニシャッド』日本ヴェーダンタ協会訳、一七八頁〕には、「アートマンは『これではない、あれではない』と形容される。それは不可解である、なぜならそれは理解できないから。」とあり、協会訳「アートマン」はサンスクリットātmanの訳で、P訳はselfです。ここで「これとあれ」は因果律を表しているので、アートマンは論理性のない存在だというのです。

ではどのように認識されるのでしょうか。

「シュヴェーターシュヴァタラ・ウパニシャッド」〔『ウパニシャッド』日本ヴェーダンタ協会訳、一三五頁〕〔P訳、一二二頁〕によれば、「この偉大なる存在は、親指大の形をとって、あらゆる生き物の心臓の中に、内奥のアートマンとして永遠に棲んでいる。彼は霊的な識別を通して清められた思考器官によって、直接認識できる。」という。しかし、思考器官は霊的な識別を通して清められるものなのでしょうか。

それはともかくとして、「チャーンドーギヤ・ウパニシャッド」［『ウパニシャッド』日本ヴェーダンタ協会訳、一六〇頁］［P訳、九三頁］に、「神々、聡明なる者達は、アートマンを瞑想し、そうすることによって、一切の世界とあらゆる望みのものを手に入れる。」ここでは、アートマンを瞑想することになっていて、この前の文では直接認識し、また別の箇所［『ウパニシャッド』日本ヴェーダンタ協会訳、六四頁］［P訳、二四頁］では感得 felt することになっていて、統一性がないようです。

（二）ブラフマンについて

「ブリハドアーラニヤカ・ウパニシャッド」［『ウパニシャッド』日本ヴェーダンタ協会訳、一八七頁］［*The Upanishads Breath of the Eternal*, translated by Swami Prabhavananda and Fredrick Manchester, The New American Library, 1948, p. 124］に、

「究極にして直接に知られたブラフマン」とあり、ここで、協会訳「直接に知られたブラフマン」はP訳でimmediate Brahmanです。

また、「カタ・ウパニシャッド」〔『ウパニシャッド』日本ヴェーダンタ協会訳、六三頁〕〔P訳、二四頁〕において、「それ〔ブラフマン〕を肉眼で見るものはいない。なぜなら、それは可視の形を持たないから。だがそれは、自制と瞑想を通して、心の内に顕現する。それを知る者たちは不死となる。」は、簡単に言うと、ブラフマンは自制self-controlして知ることによって、不死となる、となるのですが、こんなことはありえないと思います。

しかしながら、「ブリハドアーラニヤカ・ウパニシャッド」〔『ウパニシャッド』日本ヴェーダンタ協会訳、二〇二頁〕〔P訳、一〇一頁〕に、「眼がその住処であり、虚空がその土台です。それは真実として瞑想されるべきです。なぜなら、視覚によって対象物は知られるからです。視覚はブラフマンです。」とあり、これを言い換えると、「視覚によって対象物objectは知られるknownから、視覚であるブラフマンは、真実truthとして瞑想されるmeditated」というのです。すなわち、「瞑想」は「知ること」に等しいことになります。

結局、ブラフマンについて、直接に知られるのか、あるいは瞑想を通してなのか、混乱しているようです。

（三）本質について

先出の「チャーンドーギヤ・ウパニシャッド」〔『ウパニシャッド』日本ヴェーダンタ協会訳、一四三頁〕に、「微細な本質であるところのもの――その中に万物は存在する。それは真実である。それはアートマンである。」ここで、協会訳による「本質」はsvabhāvaの訳であり、P訳ではessenceを当てています。

また、「チャーンドーギヤ・ウパニシャッド」〔『ウパニシャッド』日本ヴェーダンタ協会訳、一四二頁〕に、「この体の中にあるブラフマンはお前には見えないが、それは確かにここにあるのだ。微細な本質であるところのもの――その中に万物は存それは真実である。それはアートマンである。」とあり、宇宙の根本的な唯一絶対の存在であるブラフマンBrahmanは、あらゆる実在の本質となっていると説いています。すなわち、事物や生物や人はブラフマンという根から派生した枝葉であるというのです。

つまり、『ウパニシャッド』においては、アートマンやブラフマンという本質が存在するという立場をとっています。それらの他にも「微細な本質」について、いくつもの記述があるのです。

第五節　『ウパニシャッド』の四つの「真理」

『中論』において、バラモンと思われる論敵の言葉として「四つの真理」が示され、その内容は「知識」と「放棄」と「瞑想」と「出現」ですが第六章にて詳述します。

ともかく、それらと同じような言葉が、『ウパニシャッド』の中にあるのでしょうか。表6にあるとおり、G訳とP訳の英語訳を頼りにして、順に見ていくことにします。

（一）「知識」はG訳とP訳ともにknowledgeです。

P訳の「ブリハドアーラニヤカ・ウパニシャッド」［P訳、八八頁］に、「純粋な知性である、アートマンの知識を通して、すべての物と存在は知られ」とあり、バラモン教では知識knowledgeこそが学ぶべき絶対の存在なのです。

そもそも『ウパニシャッド』の元となる古い聖典『ヴェーダVeda』とは「知識」knowledgeという意味なのです。なお、この文は、協会訳において欠落しているため、P訳から私が訳出したものです。

表6
『中論』論敵と
『ウパニシャッド』の真理

『中論』の論敵		『ウパニシャッド』	
G訳	高田訳	P訳	協会訳
knowledge	知識	knowledge	知識
abandonment	放棄	renounce	放棄
meditaition	瞑想	meditation	瞑想
manifestation	出現	manifestation	顕現

（二）「放棄」は、G訳でabandonmentですが、まったく同じ言葉は『ウパニシャッド』に登場しません。

それに相当する英単語をP訳の「ブリハドアーラニヤカ」〔P訳、九四頁〕〔『ウパニシャッド』日本ヴェーダンタ協会訳、一九〇頁〕に探すと、renounce「放棄」があります。「このアートマンを真に理解〔実感〕して、賢者たちは、子孫、富、および他の世界で生き続けることへの渇望を放棄し、乞食の生活をおくる。」とあります。ここでの「放棄」renounceは、世捨て人になるという意味なのです。

（三）「瞑想」meditationという言葉は、『ウパニシャッド』において、非常に多く使われています。その一例として、「チャーンドーギヤ・ウパニシャッド」〔P訳、七八頁〕〔『ウパニシャッド』日本ヴェーダンタ協会訳、一六〇頁〕に、「聡明なる者達は、アートマンを瞑想し、そうすることによって、一切の世界とあらゆる望みのものを手に入れる。」とあり、さらに、「人は苦行によってアートマンを真に理解〔実感〕realizeし、静かなる沈思のうちに生きるから。」〔P訳、七一頁〕〔『ウパニシャッド』日本ヴェーダンタ協会訳、一四三頁〕とも記されています。

つまり、バラモンは苦行して瞑想すればアートマンを実感するというのです。

（四）「出現」manifestationという言葉そのものは、『ウパニシャッド』に発見できません。

関連する言葉として協会訳の「未顕現」unmanifestedという言葉が頻繁に出てき

ます。例えば、前述の「カタ・ウパニシャッド」〔『ウパニシャッド』日本ヴェーダンタ協会訳、五五頁〕〔P訳、一九頁〕に、「感覚器官は物質的対象に由来する。物質的対象は思考器官に由来する。思考器官は知性に由来する。知性は自我意識に由来する。自我意識は未顕現の種子に由来する。そして、未顕現の種子はブラフマン――原因なき原因に由来する。」とあります。ここで、P訳とG訳で共通するmanifestという言葉は、協会訳で「顕現」、拙訳で「出現」と訳しています。従って、最後の行では、種子からは原因なき原因であるブラフマンが「顕現」すなわち「出現」することになるのです。

また、「カタ・ウパニシャッド」〔『ウパニシャッド』日本ヴェーダンタ協会訳、六三頁〕〔P訳、二四頁〕に、「それ〔ブラフマン〕を肉眼で見るものはいない。なぜなら、それは可視の形を持たないから。だがそれは、自制と瞑想を通して、心の内に顕現する。それを知る者たちは不死となる。」ここでの協会訳「顕現」は、P訳でrevealであり、同じような意味を持っています。

以上をまとめると、『ウパニシャッド』における「四つの真理」は、「ヴェーダの知識により、世俗を放棄して、苦行して瞑想をすれば、ブラフマンが出現する」ということになります。

第六節　まとめ

因果律、「原因なき原因」、物質的対象の存在、五つの感覚器官などについて、『ウパニシャッド』の内容はプラトンやアリストテレスなどのギリシャ哲学によく似ています。このことは、ギリシャ哲学がバラモン教の思想強化に寄与したとみるのが自然です。すなわち、バラモン教は、ブッダの興した仏教に対抗するため、プラトンやアリストテレスなどのギリシャ哲学により思想強化して、『ヴェーダ』から『ウパニシャッド』へと改変したと考えられるのです。

それに対する仏教は、ブッダの教説を受け継ぐ上座部（小乗）仏教が時代遅れになっていたので、同じようにナーガールジュナがギリシャ哲学の影響下に『中論』を著したとみられるのです。

ギリシャ哲学が『ウパニシャッド』と『中論』に影響を及ぼしたという直接の証拠はありません。しかし歴史的には、アリストテレスの直弟子だったアレクサンドロス三世（大王、紀元前三五六―紀元前三二三）の西インド侵入により、多くのギリシャ人植民地ができたとされています。

その証拠の一つに『ミリンダ王の問い』〔『世界の名著1　バラモン経典　原始仏典』五三九頁〕という仏典が残されています。「ミリンダ」はギリシャ人メナンドロスの転訛です。

あるいは、別の証拠として、「ビンドゥサラ（インド・マウリヤ朝の王。在位紀元前二九八―二七四）はギリシャの王に、美味しいワインと乾燥イチジクと雄弁なソフィストを送ってほしいと頼んでいる。インドの支配者はギリシャの哲学について知りたがったのである」とあります［『イエスは仏教徒だった？——大いなる仮説とその検証』E・R・グルーバー／H・ケルステン、岩坂 彰訳、角川書店、一九九九年、七八頁］。また、この本によれば、ギリシャ哲学が古代インドに影響を及ぼした証拠はたくさんあるようです。

いずれにしても、主たる論敵はバラモンといえるでしょう。

第六章　コンディション

この章からは、『中論』の内容について詳しく検討します。

第一章の「シル能力」という言葉は、直接『中論』には出てきません。出てくるのはその目的となるもので、サンスクリットで pratyaya「プラティヤヤ」です。文法でいえば、主語に相当するのが一般の「人」であり、述語が「シル能力」で、そして目的語が「プラティヤヤ」という関係になります。

表7のとおり、サンスクリット pratyaya の意味は、『オックスフォード仏教辞典』によると「『状況』の意。あるものが依存している対象」とあります。

一方で、『岩波仏教辞典』［中村元他編、岩波書店、一九八九年］では「広義には、原因一般、あらゆる条件をいい、狭義には、結果を引き起こすための直接的・内的原因を〈因〉hetu というのに対し、これを外から補助する間接的原因を〈縁〉という」とあります。ここで狭義の部分は後世の解釈に依っているので除外します。

その漢訳（古代中国語訳）は、「縁《えん》」または「因縁《いんねん》」とされ、そのまま日本に伝承され、今日でも伝統訳として通っています。このために我々日本人は、日常的に

「縁」という言葉をよく使います。

漢和辞典によると、漢字の「縁」の意味は二つあり、第一に「ふち」「へり」と読んで、物の端っこを意味し、縁石や縁側などの用例があります。第二に、縁者や縁日などに見られるとおり仏教的な言葉で、「よる」「ちなむ」とも訓読します〔『新漢和辞典　四訂版』諸橋轍次他、大修館書店、一九七五年〕。この意味で、「良縁に恵まれますように」「袖すりあうも多生の縁」「縁は異なもの味なもの」など、また、因縁は、「浅からぬ因縁」「切っても切れない因縁」「因縁をつける」などの慣用句に使われ、ただならぬ人間関係を表現する言葉になっています。

つまり「縁」や「因縁」という言葉は、人間関係についての狭い意味に限定される

表7　"pratyaya"「コンディション」の訳語比較

G訳	S訳	中村訳	羅什訳	高田訳
condition	condition	原因（縁）	因縁《いんねん》	コンディション

（注）"pratyaya"「状況」の意。あるものが依存している対象。
〔『オックスフォード仏教辞典』豊嶋悠吾編、朝倉書店、二〇一六〕

広義には、原因一般、あらゆる条件をいう。
〔『岩波仏教辞典』中村元他編、岩波書店、一九八九〕

のです。しかし『中論』を読み進むと、「プラティヤヤ」が人関係だけを表しているのではなく、もっと根本的な哲学的とでもいえる概念であることが解ってきますので、「縁」という言葉を本書では使わないことにします。

一方で、この「プラティヤヤ」について、英語のG訳とS訳は共にconditionという訳語を当てています。英和辞典によると、conditionの意味は、人・もの・財政などの状態、健康状態、体調です。「コンディション」というカタカナ表記は、広辞苑によると「①状態。調子。事情。②条件。制約」とあり［『広辞苑　第六版DVD - ROM版』新村 出編、岩波書店、二〇〇八年］、いまや完全に日本語化していて、英語とほぼ同じような意味を持っているのでそのまま準用しました。

第一節　モノは何から生じるのか

『中論』の冒頭、一品一頌、

どのようなモノも、それ自体からも、他のモノからも、その両方からも、原因なしでも、何でも、どこにも生じることはない。

ここで「モノ」とは、形のある物質や形のない事柄、すなわち事物を表しています。一行目の「それ自体からも、他のモノからも、その両方からも」という表現は、西洋論理の同一性と排中律を示していますが、その意味は「どのようなモノもモノから論理的に生じない」となります。

二行目は、「原因なしでも……生じることはない」と二重に否定しているので、因果律は肯定していることになります。さらに「何でも、どこにも生じることはない」とあり、モノの種類に関わらず、また場所をいとわないこと、つまりあらゆるモノの論理性について適用しているのです。

従って、この頌は「どのようなモノも、原因以外には、モノから論理的に生じない」と読むことができます。さらに、この文には「どのようなモノも、モノ以外の何かから生じる」ということを言外に含んでいると考えることができるのです。

第二節　実体には本質がない

ではもろもろのモノは何から生じるというのでしょうか。三頌に、

もろもろの実体の本質は、コンディションなどの中にあるのではない。
そこに本質がないとしても、別の本質はありえない。

一行目の「コンディションなど」とは、コンディションとペアである「不コンディション」のことであり、同じように二行目の「別の本質」とは、本質とペアである「不本質」を意味していると思われるので、第四章第三節のとおり無視します。

また、拙訳「実体」の元であるG訳entityの意味は、「(生命がある、あるいは生命がないに関わらず)それ自身の明確な存在を持つと感知される、知られている、あるいは推定される何か。that which is perceived or known or inferred to have its own distinct existence (living or nonliving)」［出典　日本語WordNet(英和)］。つまり、実体とは「あるように感じられるもの」と言えるでしょう。

さらに、拙訳「本質」の元は表8のとおり、サンスクリットsvabhāvaであり、伝統的に仏教用語として「自性《じしょう》」と訳されて、「モノそれ自体の本性」という意味で使われてきました。中村訳と三枝訳もこれに従っています。S訳もその直訳としてintrinsic natureとしているようです。しかし、一般に通用する言葉ではないの

表8　"svabhāva"「本質」の訳語比較

『中論』					『ウパニシャッド』	
G訳	S訳	中村訳	羅什訳	高田訳	P訳	協会訳
essence	intrinsic nature	〈それ自体〉自性	有無《うむ》	本質	essence	本質

(注)"svabhāva"　自性(じしょう)、本来的な性質、または自己・自体のあり方。
［『オックスフォード仏教辞典』豊嶋悠吾編、朝倉書店、二〇一六］

で、第四章第六節にあるとおり、『ウパニシャッド』のP訳とG訳のessenceに対応する協会訳とG訳に倣って「本質」と訳出することにしました。

結局、この頌を解りやすく書き直すと、「もろもろのあるように感じられる実体の本質は、コンディションの中にあるのではないし、実体の中にもない」となり、要約すると「もろもろのあるように感じられるもの（実体）には本質がない」ということになります。

第三節　モノには本質がない

第五章第四節で『ウパニシャッド』においては、「ブラフマンとアートマンは本質であり、その中に万物は存在する」と本質が存在することを説いています。

それに対して『中論』一品十四頌、

本質としてのコンディションを伴って、しかもそれらの本質としての不コンディションを伴って、どんな結果もない。

そのような結果がないのに、どのようにコンディションあるいは不コンディションが、明白でありうるのか。

これは論敵に問い掛けをしていて、ここでも、肯定形と否定形はペアなので、肯定形のみで考えて、「本質としてのコンディションを伴ってどんな結果もないのに、どのようにコンディションが明白でありうるのか」と解りやすくなります。

そして、二十四品十六頌、
もしあなた（論敵）が、それらの本質の見地からすべてのモノの存在を認識するなら、それでこのすべてのモノの認識は、原因とコンディションの認識なくあるだろう。

G訳で仮定法現在形であり条件文と見なせるので、否定形を裏返して肯定文にしてみれば、「本質の見地からモノの存在を認識しないので、原因とコンディションの認識があって、モノの認識ができることになる」ということになります。

さらに十五品八頌、

もしも、存在が本質を通してあるとするならば、それで、そこに不存在はないであろう。

本質の内の変化は決して条理に合わない。

一行目はG訳で仮定法過去形なので、条件節は事実と逆のことを述べています。また、存在と不存在はペアなので、帰結節は「存在はないであろう」となります。従って、この頌の解釈として、真実は「存在が本質を通してない」のであるが、架空の仮定として「仮に存在が本質を通してあるとすれば、存在はないことになり、条理に合わない」となります。その結論として、「モノには本質がない」ということになるのです。

結局のところ、十五品六頌、

本質と不本質、そして実体と不実体を見る人々はブッダにより教えられた真実を

見ていない。

否定文をペアとして形式的に無視すれば、「本質と実体を見る人々はブッダにより教えられた真実を見ていない」となり、「モノには本質と実体がない」と結論づけているのです。

第四節 「コンディション」とは

一品五頌、
コレラはアレラを生じる、だから、コレラはコンディションと呼ばれる。
アレラがコレラによらないのであれば、なぜコレラが不コンディションでないのか。
とあります。ここで、二行目は形式的に否定形を持ち出しただけなので、無視してよいと思われます。この頌ではG訳で these and those「コレラとアレラ」という複数形になっています。もしそれらが原因と結果からなる因果律を示しているのであれば、第五章で先述したように、「コレとアレ」this and thatと単数形で表さねばならないはずです。因みに、サンスクリットは英語と同じく名詞に単数形と複数形の区別がありますが、中国語と日本語にはありません。

それはともかく、この頌の「コレラ」は複数形のために「原因」ではなく「要因」を当てれば、「生じる要因はコンディションである」と読み替えることができます。従って、この頌をまとめると、「もろもろのモノはコンディションから生じる」ということになるのです。

第五節　四つのコンディション

一品二頌、

四つのコンディションがある、すなわち、原因のコンディション、知覚対象のコンディション、直接のコンディション、支配者のコンディション、それだけである。五番目のコンディションはない。

この頌では、四つのコンディションがあることを断言しています。それにもかかわらず、G訳とS訳、羅什訳、さらに中村訳と三枝訳について、それぞれの解釈の内容がまったく異なるのです。G訳はこじつけの理屈のようですし、中村訳はこの頌について詳しくは言及していないようです。さらにS訳と三枝訳は、この頌を論敵の言としているようですが、その根拠が明らかではありません。

最後の文に、「それだけである、五番目のコンディションはない」と言い切っていることにも注目して、字面どおり素直に読んで、四つのコンディションをすべて認めることにします。これが私の解釈すべての出発点となる立場であり、次の節からサンスクリットの原義に従って四つのコンディションを検討していくことにします。

第六節　コンディション(1)　原因のコンディション

第一のコンディションは、サンスクリットでhetuであり、直訳すると「原因」です。各訳書は表9のとおりで、S訳と中村訳は、ほぼ「原因」を意味していますす。なお、G訳の解釈では、「原因」と同じような意味を遠回しに説明しているようです。

一品七頌、

存在するものも、不存在のものも、存在する不存在のものも、成立しないときに、生産的な原因をどのように人は期待しうるのか？

もしも、そんな人がいるとするならば、それは無意味であるだろう。

この文は、一見、モノを生産する原因を否定する表現のように見えますが、一頌で「原因」を認めているので、さらに第四章第一節にあるとおり疑問文であるので、論敵に対する問い掛けと考えるのが妥当でしょう。

一行目の「存在」と「不存在」はペアなので、肯定形だけを考えます。さらに、その論理的なペアの否定形として、「存在する不存在」と暗に示される「不存在の存在」は、無視することができると思います。

「生産的な原因」とは「モノからモノを生じる原因」と言い換えることができ、そして三行目はG訳で仮定法過去形なので、「実際には、モノからモノを生じる原因を期待する人はいないのだけど、もしもいるとしたら、モノからモノを生じる原因

表9
四つのコンディションの訳語比較

サンスクリット	G訳	S訳	中村訳	羅什訳	高田訳
hetu (注)	efficient condition	primary cause	原因としての縁	因縁《いんねん》	原因のコンディション
ālambanam (ārambaṇam)	percept-object condition	objective support	認識の対象としての縁	次第縁《しだいえん》	知覚対象のコンディション
anantaram	immediate condition	proximate condition	心理作用がつづいて起こるための縁	縁縁《えんえん》	直接のコンディション
ādhipateyam	dominant condition	dominant condition	助力するものとしての縁	増上縁《ぞうじょうえん》	支配者のコンディション

（注）"hetu" 原因、根拠の意。［『オックスフォード仏教辞典』豊嶋悠吾編、朝倉書店、二〇一六］

は無意味だろう」と言い換えることが出来ます。

結局、この頌は、モノからモノを生じる原因の替わりに、「原因のコンディション」からモノを生じる、ということを主張していることになるのです。これは明らかに、第五章第二節『ウパニシャッド』の「原因なき原因」を否定しています。

第七節　コンディション⑵　知覚対象のコンディション

二番目のコンディションについて、『オックスフォード仏教辞典』によれば、サンスクリット ālambana の見出し語は「所縁」であり、その意は、基礎、土台、認識の対象、であるとされます。従って、G訳を中心として「知覚対象」と訳出しました。これはS訳ならびに中村訳とも似た意味です。

一品八頌に、

存在する実体（心のエピソード）は、対象を持たない。

心のエピソードは対象がないのに、どのような知覚のコンディションがありうるのか？

ここで、一行目の括弧内はG訳で付加された注mental episodeの拙訳です。この頌は、前の七頌と同じような疑問文であると考えれば、論敵に対して論争を仕掛けていると解釈することができます。

一行目の「存在する」とは、第四章第二節に「そこにいま限定的にあるものは存在existence」とあるので、「そこにいま限定的にある実体は、対象を持たない」となるのです。

二行目の「心のエピソード」とは「存在する実体」なので、結局、「そこにいま限定的にある実体は、対象を持たないので、その代わりに知覚のコンディションがある」と論敵に対して暗に示唆しているのでしょう。

第五章第三節『ウパニシャッド』の「物質的対象」のように、知覚の対象それ自体を認めないとしても、その代わりに「知覚対象のコンディション」があるというのです。

第八節　コンディション(3)　直接のコンディション

サンスクリットでanantaramは、仏教用語ではないものの、その字義は「間もなく、直ちに、その直後」とあり［『サンスクリット語――日本語単語集』山中元編著、国際語学社、二〇〇四年］、また表9（一二一頁）のとおり、G訳immediate conditionとS訳proximate conditionは両方ともに「直接のコンディション」なのでそれを準用しました。ただし、羅什訳と中村訳は意味不明です。

九頌、

もろもろのモノは生じないのに、消滅は受け入れられない。それゆえに、直接のコンディションは合理的でない。

もし何かのモノが消滅してしまったら、どのようにそれはコンディションでありうるのか。

一行目の文「もろもろのモノは生じないのに、消滅は受け入れられない」は、そのとおりですが意味を持ちません。論理的な文は、「モノは生じたら、消滅は受け入れられる」なので、一行目は間違っていないけれど、無意味で合理的でないのです。

それを受けて、二行目の意味は、「モノが生じないのに、直接に生じるコンディションがあるのは合理的でない」ということになるのです。ここで注意したいのは、「合理的でない」が文字どおり「論理的でない」という意味であって、コンディションの存在自体を否定しているのでないということです。

三行目は、疑問文なので第四章第一節にあるとおり、論敵に対して攻撃的な問いを投げかけているのです。すなわち、「発生しないモノが消滅するわけがないのに、それがコンディションであるのはどういうわけか」と。

結局、モノは生滅という合理性を飛び越えて、直接のコンディションにより生じる、ということになるわけです。そして、それを受け取る側の人の立場からは「直接にシル能力」なのです。この「直接のコンディション」は、第五章第四節のとおり、『ウパニシャッド』のアートマンを意識していて、その混乱を改めようとしています。

それはともかくとして、一品二頌について、G訳の解説の趣旨は「電子が原子に与える衝撃によって放出される光子の排出が直接のコンディションである」などと訳の分からない説明です。また中村訳の「心理作用がつづいて起こるための縁」や羅什訳の「縁縁」は、それら自体が意味不明なのです。さらにS訳と三枝訳がこの頌を論敵の言としているのであれば、二十四品十六頌の「もしあなたが」というように、主語を明確にしているはずです。

第九節　コンディション⑷　支配者のコンディション

二頌にある「四つのコンディション」のうち最後のものは、サンスクリットādhipateyamです。『岩波仏教辞典』によれば、「ādhipateya は名詞 ādhipati（支配する者）から派生した語」とあります。さらに表9（一二一頁）のように、G訳とS訳は共に dominant condition であり、「支配的なコンディション」という意味なので、本書は「支配者のコンディション」と訳すことにします。その一方で、中村訳は「助力するものとしての縁」また羅什訳は「増上縁」とあり、意味不明になっています。

四つのコンディションのうち前の三つは、それぞれ七頌、八頌、九頌に説明があることは、前節までで示したとおりです。この流れに沿えば、十頌は四番目のコンディションについて述べられているはずです。

十頌、

もしも、もろもろのモノが本質なしに存在しないとするならば、「これが存在するとき、これはあるだろう」という文句は受け入れられないだろう。

この英文は仮定法過去形であるので、実際は、一行目を否定することになり、「もろもろのモノが本質なしに存在する」と述べているのです。

二行目は、「存在するとき、有るだろうという推測は受け入れられない」と、当たり前のことを言っているようですが、まったく意味のない文章です。つまり、この「支配者のコンディション」は、『ウパニシャッド』の「本質」すなわちブラフマンを想起させようとしていると思います。従って、この節のまとめとして、「もろもろのモノの存在を支配する本質はない。あるのは支配者のコンディションである」と解釈できるのです。

第一〇節　まとめ

以上のとおり、四つのコンディションについて、唯一、全部を字面通り読んで解釈しているのはG訳だけです。しかしながら、その趣旨をまとめると「電灯に例えて、スイッチを押すことが原因のコンディション、電線に電気が流れるのが支援のコンディション（supporting conditions）、先述した電子による光子の排出が直接のコンディション、それを見ることができるのが支配者のコンディションである」とあり、また二番目のコンディションが支援にすり替わっていて、苦しまぎれの説明のようです。

結局のところ、五人の訳者が、とりわけ直接のコンディションと支配者のコンディションを理解できないのは、合理的に解釈しようとする学者（学僧）だからだと思います。『中論』は哲学書ではなく論理を越えた宗教書だったのです。

私の解釈をまとめると次のようになります。

・どのようなモノも、原因以外には、モノから論理的に生じない。
・もろもろのモノはコンディションから生じる。
・もろもろのあるように感じられるもの（実体）には本質がない。
・モノには本質がない。
・四つのコンディションをすべて認める。すなわち、
（一）原因のコンディション
（二）知覚対象のコンディション
（三）直接のコンディション
（四）支配者のコンディション

第七章　優れた真実

表10
論敵の "satya"「真理」と
ナーガールジュナの
"āryasatya"「優れた真実」の
訳語比較

	『中論』					『ウパニシャッド』	
論者	G訳	S訳	中村訳	羅什訳	高田訳	P訳	協会訳
論敵 "satya"	truth [真実・真理]	truth [真実・真理]	真理	諦《たい》	真理	truth	真理・真実
ナーガールジュナ "āryasatya"	the Four Noble Truths	the Noble Truths	四つのすぐれた真理	四諦	優れた真実		

(注) "satya" 「真実」を広く意味する語。[『オックスフォード仏教辞典』豊嶋悠吾編、朝倉書店、二〇一六]
真理、真実。[『岩波仏教辞典』中村元他編、岩波書店、一九八九]
"ārya" 高貴な、尊敬すべき。アーリア人。
[『サンスクリット語—日本語単語集』山中 元、国際語学社、二〇〇四]

表10のとおり、二十四品の品《ほん》名は、サンスクリット āryasatya であり、G訳とS訳はともに noble truths で、中村訳も「すぐれた真理」とあり、同じような意味ですので、私は「優れた真実」と訳してみました。因みに、サンスクリットで ārya は、「高貴な、尊敬すべき」という意味の他に、「アーリヤ人」を指しているようです。[『サンスクリット語——日本語単語集』二八頁]

第一節　真理と真実

satyaは、羅什訳において「諦《たい》」であり、伝統的な仏教用語となっています。「諦《たい》」は真理や真実という意味ですが、「あきらめる」とも読めるので、仏教はあきらめる宗教と誤解されがちです。

それはともかく、G訳とS訳とP訳ともにtruthです。その中村訳は「真理」であり、『オックスフォード仏教辞典』においては「真実」としています。というのも、西洋哲学においてtruthという言葉は、『哲学事典』〔下中 弘編、平凡社、一九七一年〕によれば「ギリシャ哲学以来の存在論的真理観すなわち、われわれの思惟、認識と外界の存在、現実との一致のうちに真理をみる」という意味に解するという説明です。

それに対して、『岩波仏教辞典』と『ウパニシャッド』の協会訳では、「真理」と

「真実」を使い分けています。「真理」について、協会訳の「ケーナ・ウパニシャッド」「『ウパニシャッド』日本ヴェーダンタ協会訳、三四頁」に、「ウパニシャッドの聖なる真理が、ブラフマンに深く帰依する私に啓示されますように」とあり、「真理」とは『ウパニシャッド』の内容、すなわちその理念を指していると考えられます。

他方「真実」については、「タイッティリーヤ・ウパニシャッド」「『ウパニシャッド』日本ヴェーダンタ協会訳、一〇九頁」に、「真実の自己、すなわちアートマンのみが、真に存在するものとして感得されなければならない。」とあるように、「真実」は実際に存在するものを意味しています。さらに、「カタ・ウパニシャッド」「『ウパニシャッド』日本ヴェーダンタ協会訳、一〇九頁」に、「真実を語れ。義務を遂行せよ。聖典の勉強をおろそかにするな。子孫を絶やすな。真理から外れてはならない。」とあり、「真実」は実在を、「真理」は理念を意味していて、使い分けているのです。

結局のところ、『中論』の解釈において、論敵の言については理念という意味で「真理」を、それに対してナーガールジュナの説くブッダの教えは、実践を踏まえているので「真実」を、それぞれ使い分けることにしました。

第二節　「優れた真実」の伝統訳について

表11のとおり、羅什訳で一番目の諦を「見苦《けんく》」としたのは、『長阿含経』の「大本経」〔『現代語訳「阿含経典」長阿含経第1巻』一八七頁〕に、「彼らのために苦聖諦を説き、苦集聖諦、苦滅聖諦、苦出要諦を敷衍して解釈し、分けひろげて宣述した。」とあり、また「遊行経」〔『現代語訳「阿含経典」長阿含経第1巻』二七三頁〕にも、「ただちに福貴のために、苦聖諦、苦集諦、苦滅諦、苦出要諦を説いた」とあるからだと思います。

表11　論敵の「真理」とナーガールジュナの「真実」の訳語比較

論者	サンスクリット	G訳	S訳	中村訳	羅什訳	高田訳	『ウパニシャッド』P訳	『ウパニシャッド』協会訳
論敵	parijñā	knowledge	comprehension	完全に熟知すること(知)	見苦《けんく》	知識	knowledge	知識
	prahāṇaṃ	abandonment	abandonment	(煩悩を)断ずること(断)	断集《だんしゅう》	放棄	renounce	放棄
	bhāvanā sākṣikarma	meditation	practice	道を修習すること(修)	証滅《しょうめつ》	瞑想	meditation	瞑想
	caturṇām	manifestation	personal realization	(ニルヴァーナを)直接に体得すること(証)	修道《しゅうどう》	出現	manifestation	顕現
ナーガールジュナ	parijṅānaṃ	understanding	comprehention	完全に熟知すること	見苦《けんく》	理解		
	prahāna(注)	the activities of relinquishing	abandonment	(煩悩を)断ずること	断集《だんしゅう》	断滅の活動		
	sākṣātkaran (注)	realizing	personal realization	(ニルヴァーナを)直接に体得すること	証滅《しょうめつ》	直感		
	bhāvanā (注)	meditating	practice	道を修習すること	修道《しゅうどう》	具現		

(注)　"prahāna"　正断（しょうだん）、意断。［『岩波仏教辞典』中村元他編、岩波書店、一九八九］
"sākṣātkaran""sākṣāt"副詞「直接に」＋"karan"「感覚器官」。
［『サンスクリッド語―日本語単語集』山中 元、国際語学社、二〇〇四］
"bhāvanā"　修行。「みずからを現す」という原義から「くりかえして身につけること」を語義とする。
［『岩波仏教辞典』中村元他編、岩波書店、一九八九］

それに対して、ナーガールジュナは『中論』の二十四品二十六頌、

もし不理解がその本質を通して生じるなら、どのように理解は生じるだろうか？

本質は永続性がないのか？

続けて二十七頌、

それと同様の方法において、断滅の活動と、直感と、具現、

および四つの成果は可能でないだろう。

ここで「それと同様の方法において」とは、前の頌と後の頌を接続する役目を指し示しているので、「その」と言い換えられると思います。これら二つの頌は、G訳において仮定法現在形でつながった一連の条件文と見なせるので、否定形の疑問文を裏返して肯定文にしてみれば、「本質を通さないで理解は生じ、その断滅の活動と、直感と、具現、および四つの成果は可能である」となります。なお、二十六頌二行目の疑問文は、仮定の命題に対する答えなので、無視します。注目すべきは、ここに「苦」という言葉が全く登場しないことです。

確かに、G訳において二十四品の中でsuffering「苦しみ」という言葉が使われているものの、全四〇頌のうちたった六頌にすぎないのです。つまり、「優れた真実」のうち「苦しみ」についての記述が一五%を占めるに止まっているのです。『長阿含経』の作者は不明ですが、抽象的なブッダの教えについて、苦しみを消去する方法としか理解できなかったのだろうと思います。

第三節　「四つの真理」と「優れた真実」の違い

『中論』の論敵の言として、二十四品二頌、
もし四つの尊い真理が存在しないなら、
それなら知識と放棄と瞑想と出現は完全に不可能であろう。
G訳で仮定法現在形なので、形式的に否定文と肯定文を裏返しにして「もし四つ

の尊い真理が存在するなら、知識と放棄と瞑想と出現は完全に可能であろう」と言い換えられます。この頌は、第五章第五節のとおり『ウパニシャッド』の「四つの真理」の内容である「ヴェーダの知識により、世俗を放棄して、苦行して瞑想をすれば、ブラフマンが出現する」に対応していると考えられるのです。

ところで、表11に見られるとおり、論敵の「四つの真理」とナーガールジュナの「優れた真実」について、G訳以外においてはすこし順序の異なるものの、その内容がほとんど同じとして訳出されています。G訳においては論敵がknowledge, abandonment, meditation, manifestationであり、その一方において、ナーガールジュナはunderstanding, activities of relinquishing, realizing, meditatingと両者をはっきり使い分けているのです。。

本来、論敵のバラモンの真理とナーガールジュナの真実が同じであるはずがないのです。このことは、私が『中論』の解釈に当たって、G訳を中心のテキストに選んだもう一つの根拠でもあるのです。

結局のところ、ナーガールジュナの「優れた真実」は、「本質を通さない理解と、その断滅の活動と、直感と、具現」です。これらの四つについて、次節で順次検討することにします。

第四節　優れた真実(1)　本質を通さない理解

「優れた真実」の一番目は「本質を通さない理解」ですが、この内、「本質を通さない」という部分は、すでに第六章で「本質はない」と結論付けられたとおりなので、ここでは「理解」に焦点を当てることにします。拙訳「理解」は、元のサンスクリット parijñānam が特別な用語でないので、G訳 understanding を直訳したものです。

この語に対するのが、バラモン教で「知識」knowledge であり、学ぶべき絶対の存在であることは第五章第五節において述べたとおりです。さらに、「カタ・ウパニシャッド」[『ウパニシャッド』日本ヴェーダンタ協会訳、五〇頁]に、「アートマンの真理は、無知な者に教えられた時には、完全には理解されない。なぜなら、それに関する見解は、知識に基づいていなければ、一つ一つ異なるから。」とあるように、「知識に基づかなければ理解されない」と、理解よりも知識を優先させています。

それはさておき、コンディションと「優れた真実」との対応関係を考えてみます。つまり、コンディションを目的語とし、「優れた真実」をおのおのに対応した述語と考えてみるのです。すると、「優れた真実」の一番目は「原因のコンディションと知覚対象のコンディションを、本質を通さないで理解すること」となるのです。

第五節　優れた真実(2)　断滅の活動

「優れた真実」の二番目サンスクリット prahāna は、『岩波仏教辞典』によれば、「正断《しょうだん》、意断」ですが一般的な言葉でないので、G訳 relinquishing の用例を参考にしました。それが表12ですが、各訳がまちまちなので、共通するような平易な表現として「断滅」と訳出しました。本章第二節において、二十四品二十六頌と二十七頌は「本質を通さずに理解は生じ、その断滅の活動と、直感と、具現」とまとめられた結果、「断滅の活動」の目的語は「理解」であると考えられるのです。

また「断滅」の用例の中で、『中論』のまとめともいえる最終頌二十七品三十頌、

慈悲を通して真実の教理を教えたゴータマに私はひれ伏す、
そしてその教理はすべての見解の断滅へと導く。

ここで「見解」とは何でしょうか。表13のとおり、拙訳「見解」の元は、サンスクリット dṛṣṭi であり、『オックスフォード仏教辞典』によると、「視野」や「見

方」の意、ものの見方や見解であるという説明です。G訳とS訳ともにviewであり、英語viewの使用例としては、view of life（人生観）、view of the history（歴史観）、view of value（価値観）などであるので、「見解」という語それ自体は客観的

表12
G訳 "relinquishing"「断滅」の用例比較

品、頌	G訳	S訳	中村訳	三枝訳	高田訳
13.08	relinquishing	get rid of [免れる]	脱する	超越	断滅
23.24	relinquish [断念する]	abandon [放棄する]	（断じて）捨てる	断じ滅す	断滅する
24.27	relinquishing	abandonment	断ずること	断じ滅す	断滅
25.02	relinquishing	abandonment	断ずる	断ず	断滅
25.10	relinquishing [断念]	abandonment [放棄]	捨て去ること	断ずること	断滅
27.30	relinquishing	abandonment	断ずる	断ず	断滅

表13
"dṛṣṭi"「見解」の訳語比較

G訳	S訳	中村訳	羅什訳	高田訳
view	view	〔誤った〕見解	〔誤りの〕見解	見解

（注）"dṛṣṭi"「視野」や「見方」の意。ものの見方や見解。見。
〔『オックスフォード仏教辞典』豊嶋悠吾編、朝倉書店、二〇一六〕

なものの見方なのです。中村訳と三枝訳に共通して見られる「誤った」などの評価は含まれていないと思います。

ともかく、この「断滅」の目的語は「見解」であり、前の例では「理解」ですので、「見解」と「理解」は同意義であるとみなせます。しかし、それに対応するコンディションが見つからないので、とりあえず仮に「空欄」としておき、二番目の真実は「見解の断滅」または「理解の断滅」ということにしておきます。

第六節　優れた真実(3)　直感

本論の「優れた真実」に戻って、その三番目は「直感」です。このサンスクリット sākṣātkaran は、sākṣāt「直接に」に karan「感覚器官」[『サンスクリット語——日本語単語集』]を加えたものだと考えられるので、「直接に感じるもの」という意味で「直感」と訳出しました。

そして、「コンディション」を目的語として対応させてみると、「直接のコンディションを直感する」と解釈することができます。

これは、「アートマンを直接認識できる」という五章四節『ウパニシャッド』の内容を意識しているものの、アートマンの存在を明らかに否定しているのです。

『中論』十八品六頌、

アートマンがあるということは教えられた、そして不アートマンの教理も。ブッダたちにより、アートマンもなく不アートマンもないという教理と同じように。

表14のとおり、サンスクリット ātman「アートマン」について、『ウパニシャッド』（第五章第五節参照）においては「ある」という立場であったのに対して、『中論』では「ない」としているので、P訳とG訳とS訳が共に self であるのに対して、サンスクリットをそのままカタカナ表記で「アートマン」と訳しました。この頌の一行目について、アートマンと不アートマンはペアなので、否定形を無視すると、

表14　"ātman"「アートマン」の訳語比較

『ウパニシャッド』						
G訳	S訳	中村訳	羅什訳	高田訳	P訳	協会訳
self	self	我（アートマン）	我	アートマン	self	アートマン

（注）"ātman"「自己」、「霊魂」の意。我ともいう。〔『オックスフォード仏教辞典』豊嶋悠吾編、朝倉書店、二〇一六〕

「アートマンがあるという教理」は『ウパニシャッド』を意味しています。これに対して、二行目はブッダたちによって、「アートマンがない」という教理が教えられたということになります。ここで「同じように」は、内容が同じという意味ではなく、「教えられた」という表現を文章上の形式として示していると思われます。

第七節　優れた真実⑷　具現

「優れた真実」の四番目のサンスクリットbhāvanāは、二つの仏教辞典『岩波仏教辞典』、『オックスフォード仏教辞典』ともに「修行」という見出し語の原語となっていて、仏教修行を意味する一般的な言葉であるとしています。ところが、『岩波仏教辞典』では、特に bhāvanā について「みずからを現すという原義からくりかえして身につけることを語義とする」と説明があります。この「みずからを現す」という元の意味から「くりかえし身につける」という論理的な推論が、私にはどうにも理解できないのです。

さらに、コンディションとの形式的な対応関係において、「支配者のコンディション」を目的語とし、「修行」を述語として位置付けると、「支配者のコンディションを修行する」となりますが、意味不明の文章になってしまうのです。

そこで bhāvanā の原義「みずからを現す」の意味に応じた短い日本語で探すと、「具現」という表現が見つかりました。因みに、「具現」は『広辞苑』によると、「具体的に、また実際に表すこと。実際となって現れること」とあります。従って、コンディションとの対応は「支配者のコンディションを具現する」となり、納得することができたのです。

この語の唯一の用例として、二十六品十一頌、

無知の消滅に伴って、行為は生じないだろう。
無知の消滅は具現と知恵を通して起こる。

とありますが、「具現」自体の内容について触れてはいないのです。ここで、第五章第四節を思い出せば、「ブラフマンは直観され、あるいは瞑想される本質である」という『ウパニシャッド』の記述を、ナーガールジュナは明らかに否定しているのです。だから、「ブラフマンという本質は存在しない。その代わりに、支配者のコンディションを具現できる」と主張しているのです。

第八節　まとめ

・「優れた真実」は、伝統訳のように「苦しみ」のみについて述べられたものではない。

・『ウパニシャッド』の知識については「真理」を、『中論』の教えには「真実」を使う。

・したがって、論敵の「四つの真理」とナーガールジュナの「優れた真実」は異なる。

・「コンディション」と「優れた真実」の対応関係は、表15のとおり。

表15
「コンディション」と「優れた真実」の対応関係

（ウパニシャッド）	コンディション	優れた真実
（原因なき原因）	原因のコンディション	本質を通さない理解
（物質的対象）	知覚対象のコンディション	
—	（空欄）	断滅の活動
（本質としてのアートマン）	直接のコンディション	直感
（本質としてのブラフマン）	支配者のコンディション	具現

第八章　ダルマ

表16 "dharma"「ダルマ」の訳語比較

G訳	S訳	中村訳	羅什訳	高田訳
concepts of things	object of inner sense(dharmas)	思考されるもの	法体《ほうたい》	ダルマ

（注）"dharma"「支える」「保つ」を意味する動詞《dhṛ》を語源とし、法と訳される。
〔『オックスフォード仏教辞典』豊嶋悠吾編、朝倉書店、二〇一六〕
「保つ」《dhṛ》という語根から成立した言葉で、同じ性質を保つもの。
〔『岩波仏教辞典』中村元他編、岩波書店、一九八九〕

サンスクリットdharma「ダルマ」について、表16のとおり、訳者によって解釈がまちまちなため、そのままカタカナ表記にしました。この言葉は、『オックスフォード仏教辞典』によれば、「『支える』、『保つ』を意味するサンスクリット語の動詞ドゥリ（dhṛ）を語源とし法と訳される」であり、また『岩波仏教辞典』においては、「保つ」を語根にしているというように、きわめて抽象的な言葉です。そしてこの言葉の意味を明らかにすることが、仏教を理解する上で、極めて重要な要件となるでしょう。

『中論』に「ダルマ」についての直接の説明はありません。その用例はわずか四例があるのみです。これに従って検討していくことにします。

第一例目として、二十四品十二頌、

ダルマは、理解し学ぶには深く難しい、という理由のために、

あのブッダの心は、それを教える可能性に絶望した。

とあるので、数少ない用例をヒントにして、「ダルマ」を考察することにします。

第一節　対象化と概念思考の終止

用例二番目、二十五品二十四頌、

すべての対象化の終止と概念思考の終止。すなわち、いつの時にも、どの場所でも、どんな人へも、ブッダによって、ダルマが教えられたことはなかった。

この頌を裏返して肯定形にまとめると、「すべての対象化の終止と概念思考の終

止がダルマである」と解釈することができます。そこで、対象化、概念思考、終止などの用語について順に調べていきます。

（一）「対象化」について、五品八頌、

対象の存在と不存在を知覚する馬鹿者と人格欠落者は、対象化の終止を見ることがない。

この頌の主語の部分について、存在と不存在をペアとみなして肯定形だけにすると、「対象の存在を知覚する馬鹿者と人格欠落者は」と解りやすくなりました。次に、述語の部分の拙訳「対象化」に対応するサンスクリットは、特別な用語として見当たらないので、表17のとおりG訳objectの用例を参考にして訳出しました。これにより、この頌は「対象の存在を知覚する者は、対象化の終止を見ることがない」と言い換えることができます。

ここで、前出の一品八頌、

存在する実体（心のエピソード）は、対象を持たない。
心のエピソードは対象がないのに、どのような知覚のコンディションがありうるのか？

とあるように、「対象化」は明らかに「知覚対象のコンディション」に対応していることが解ります。つまるところ、対象の存在によってではなく、知覚対象のコンディションにより対象化の終止がある、ということになります。

表 17
G 訳 "objectification"「対象化」の用例比較

品、頌	G訳	S訳	中村訳	三枝訳	高田訳
01.08	object [対象]	objective support [対象維持]	対象（所縁）	対象	対象
05.08	objectification [対象化]	what is to be seen [見られるべきもの]	経験されるもろもろの対象	見られるもの（経験される対象）	対象化
25.24	all objectification [すべての対象化]	cognizing everything [あらゆるものの認識]	一切の認め知ること（有所得《ウショトク》）	一切の得ること（有所得）が	対象化

（二）「概念思考」は、Ｇ訳によらず表18のとおり、サンスクリットprapañcaの本来の意味として、二つの仏教辞典により、「拡大」の意から訳出されたものです。というのも、『ウパニシャッド』の「本質がある」という説が、ナーガールジュナの「本質がない」とする立場からすると、拡大した概念の思考であると考えられるからです。

伝統的解釈によれば、現実の本性を隠蔽する誤った観念や観念の増大、という意味で「戯論《けろん》」と訳されていますが、元々この言葉には誤ったという意味は含まれていないのです。

そして、この「概念思考」が「原因のコンディション」と対応していることが明らかです。

前出の帰敬序に、

そして概念思考から自由な身になる。

とあり、『中論』本文全体の要旨の一部であることがわかります。

表18　"prapañca"「概念思考」の用例比較

品、頌	G訳	S訳	中村訳	三枝訳	高田訳
00.03	conceptual construction [概念的な構成]	hypostatization ※	戯論《ケロン》（形而上学的論議）	戯論（想定された論議）	概念思考
18.05	conceptual thought [概念的な思考]	hypostatization	形而上学的論議（戯論）	戯論（想定された論議）	概念思考
18.09	mental fabrication「心の偽装」	hypostatization	戯論	戯論	概念思考
	fabricated「偽装された」	conceptualization [概念化]	戯論される	戯論される	偽装される
22.15	mental fabrications	hypostatization	戯論（形而上学的議論）	戯論（想定された論議）	概念思考
	cognitive fabrications「認識偽装」	hypostatization	戯論	戯論	概念思考
25.24	illusion「幻想」	hypostatization	戯論	戯論（想定された論議）	概念思考

（注）"prapañca"「拡大」の意。現実の本性を隠蔽する誤った概念や観念の増大、という意味。
［『オックスフォード仏教辞典』豊嶋悠吾編、朝倉書店、二〇一六］
原語は、拡大・分散・分化・複雑化などを意味する。戯論。
［『岩波仏教辞典』中村元他編、岩波書店、一九八九］

※ hypostatization 日本語 Word Net（英和）によると、抽象的な何かを具体的なものと考えること。

表19　G訳 "pacification"「終止」の用例比較

品、頌	G訳	S訳	中村訳	三枝訳	高田訳
05.08	pacification [制圧、鎮静]	cessation [終わり、中止]	やすらぎに帰す	寂滅	終止
18.02	pacification	cessation	離れる	離れる	終止
25.24	pacification	halting [停止]	滅し	寂滅し	終止

(三)「終止」については、表19のとおり、用語としてのサンスクリットがないので、各訳に共通する意味を斟酌《しんしゃく》して平易な言葉で訳出しました。ここで、「対象化と概念思考」は「理解」そのものであり、「終止」と「断滅」は同じような意味なので「理解の断滅」とまとめることができて、「優れた真実」の二番目に相当させられるのです。

第二節　ダルマと第六覚

「ダルマ」の用例三番目として、二十三品八頌、
形と音と味と接触と匂い、そしてダルマ、すなわち、これらの六つは、ただガン
ダルヴァの街に似ているように、そして蜃気楼か夢に似たように見られるはずだ。
因みに、「ガンダルヴァ」は漢訳では乾闥婆《けんだつば》であり、香だけを食し、伎楽を奏す
る神のことです。つまり、実体のないものという意味です。
三品一頌、
視覚、聴覚、嗅覚、味覚、触覚、第六覚は、人の六つの感覚の能力である。
それらの領域は、見える対象などである。
これら二つの頌には明らかな対応関係があります。後者は感覚能力であり、前者
はその感受対象となる領域です。すなわち、「第六覚」の対象となる領域が「ダル
マ」ということです。表20のとおり、「第六覚」のサンスクリットはmanas「マナ

ス」であり、これもまた非常に抽象的な概念のために、二千数百年間の間、様々に解釈されてきました。逆に言えばどれも明快な解釈でなかったといえます。

manasは、「心」という意味です。G訳のmindからはそのまま「心覚」と訳せるのですが一般的な言葉ではありません。S訳のinner sense「内的感覚」も明確な意味が解りません。他方、中村訳「思考作用」と三枝訳「思うはたらき（思考）」は、伝統的な羅什訳「意」から来ていると思います。しかし、この頌において、「人の六つの感覚の能力」と断言しているので、「マナス」が「思考作用」や「思うはたらき（思考）」や「意」であるはずがないのです。いわゆる「第六感」の語源となる言葉でしょうが、それと混同しないように「第六覚」と訳語を当てました。

先述のとおり、『ウパニシャッド』において、「感覚器官」は眼・耳・鼻・舌・皮膚の五つとされるので、「第六覚」は仏教オリジナルということになり、dharmaとそれに対応するmanasについての解釈こそが、仏教の神髄であると極言できるのです。

また、「ダルマ」の四例目として、二十四品八頌、

ダルマについてのあのブッダの教えは、二つの真実が基礎とされている。
すなわち、世俗的な因習の真実と、究極の真実である。

ここで、「世俗的な因習の真実」は長いので、「世俗の真実」と呼ぶことにします。前節までと考え併せて、「究極の真実」が「ダルマ」に対応していることが明らかになります。

さらに、四つのコンディションとの対応関係を睨《にら》みながら、「優れた真実」を「二つの真実」に対比させると、「理解」を「世俗の真実」に、そして「直感」と

表 20 "manas"「第六覚」の訳語比較

『中論』				『ウパニシャッド』		
G訳	S訳	中村訳	羅什訳	高田訳	P訳	協会訳
mind	inner sense	思考作用	意	第六覚	mind	思考器官

（注）"manas" 説一切有部（せついっさいうぶ）などでは、心・意・識を同義異名とみる。
［『岩波仏教辞典』中村元他編、岩波書店、一九八九］
意。知性または思考する精神。［『オックスフォード仏教辞典』豊嶋悠吾編、朝倉書店、二〇一六］

「具現」をそれぞれ「内部のダルマ」と「外部のダルマ」に、さらに、これらの二つを「究極の真実」に対応させることができることになるのです。ここで、「空欄」だったコンディションに対応する「見解の断滅」は、「二つの真実」の中間の位置に保留しておきます。

第三節　空性とは見解を断滅すること

表21のとおり、サンスクリットśūnyaは、G訳、P訳、中村訳、羅什訳がすべて同じ「空」を意味しているので、そのまま「空」と訳出しました。『オックスフォード仏教辞典』によると、「空」は、「中身のないこと」(空性)を意味する中国の言葉、とあり、また「空性」は、空虚であること、または何もないこと、大乗仏教と関係の深い概念であるとしていて、その他には中観派や瑜伽行派《ゆがぎょうは》などの違いな

ど、簡単な説明しか記されていません。

それに対して、『岩波仏教辞典』においては、「空」と「空性」を同一化していることは同じですが、大乗仏教を中心として一頁近くもの紙面を割いています。

これら二つの辞典の差は、前者が上座部（小乗）仏教に後者が大乗仏教に、それぞれ重きを置いているからだと考えられます。とにかく、「空」と「空性」との差をあまり意識しないで進めることにします。また、「空性」は伝統的に「くうしょう」と読まれてきましたが、普通に「くうせい」であっても良いと思われます。

「空」は解りにくい概念であり、歴史上様々な解釈がされてきました。その理由

表21
"śūnya"「空」と
"śūnyatā"「空性」

G訳	S訳	中村訳	羅什訳	高田訳
empty	empty	空	空	空
emptiness	emptiness	空性	空無［24.18］	空性

（注）"śūnya"「空」と "śūnyatā"「空性」は二つの辞典ともに同じ意味とされる。
［『オックスフォード仏教辞典』豊嶋悠吾編、朝倉書店、二〇一六］
［『岩波仏教辞典』中村元他編、岩波書店、一九八九］
"śūnya"「空」固定的実体を欠いていること。言語は「……を欠いていること」の意。
［『岩波仏教辞典』中村元他編、岩波書店、一九八九］

は、「見解を断滅すること」「こだわり」「本質」「依存する発生」という四つの表現で説明されているためです。順に見ていきましょう。

十三品八頌、

あの勝利者は、空性はすべての見解を断滅することである、と言った。空性が見解である人の誰にとっても、そのような人は何ものも成し遂げないだろう。

一行目において、「空性は見解を断滅すること」であると言明しています。二行目は、論敵への念押しと見られるので無視します。ここで「見解を断滅する」とは、第七章第五節のとおり、「優れた真実」の二番目ということであれば、空欄であったところが「空性」であるということになります。

十五品十頌に、

「それはある」は永久にこだわろうとすることであり、「それはない」はニヒリズムの見解である。だから、賢人は「存在する」と「存在しない」を言わない。

とあり、「永久にこだわろうとすること」と「ニヒリズムの見解」が対応しています。

従って、「こだわりの結果」が「見解」であると解釈することができるのです。

因みに、拙訳「こだわり」は、表22のとおり、サンスクリット grāha で、『岩波仏教辞典』によれば「にぎる」「理解」の意だという。G訳 grasp の英語の意味は、「何かの本質、意味、質または大きさを理解する」［日本語 WordNet（英和）］という意味なのです。つまり understanding（理解）より本質的な言葉のようです。これらの語は、インド・ヨーロッパ語族において同じ語源だと考えられ、知性を尊重するバラモンや西洋人にとっては当たり前の言葉のようで、特にプラトンから始まる西洋哲学の根幹にかかわる概念だと思います。

しかし、この言葉は中国人や日本人にとって理解が困難な言葉です。伝統訳では情緒的な「執著《しゅうじゃく》」とされてきましたが、ずっとクールで知性的な概念であり、「真理を把握しようとする心」であるので、最も近い日本語は「こだわり」というこ

表 22
"gṛāha"「こだわり」の用例比較

品、頌	G訳	S訳	中村訳	三枝訳	高田訳
15.10	grasp	×	執著する偏見	執着する	こだわり
22.13	grasp	take up	あつい執著	深い執着	こだわり
23.13	grasp	think	執著	執着	こだわり
23.14	grasp	think	執著	執着	こだわり
23.15	grasp	conceive	執著	執着	こだわり
23.16	grasp	be conception	執著	執着	こだわり

（注）"gṛāha"「にぎる」「理解」の意。〔『岩波仏教辞典』中村元他編、岩波書店、一九八九〕

とができるでしょう。因みに、「こだわる」の意味は、①ささいなことにとらわれる、②安易に妥協せずとことん追求すること、の二つがあると思いますが、この場合は後者です。

まとめると、「空性」とはすべての見解、すなわちこだわりの結果を断滅することであり、「優れた真実」の二番目ということになります。

第四節　「空」とは、本質がなく依存的に生じること

二十二品九頌、

そこにあるどんなこだわりも、本質を通して存在しない。
そして何かがそれ自体を通して存在しないとき、それは別の本質を通して存在しえない。

二行目の「別の本質」とは「不本質」のことであり、「本質」とペアになるので無視します。

続けて、二十二品十頌、

このようなこだわりとこだわる者は共にあらゆる点で空である。
どのように空の如来は空を通して知られうるのか？

一行目と前の頌とを併せて読むと、「こだわりは、本質を通して存在しない、すなわち空である」となります。

また、依存する発生について、二十四品十九頌、

依存的に生じない何物か、そのようなものは存在しない。
だから、不空なものは存在しない。

この文を裏返せば、「すべてのものは依存的に生じるから、空である」と言い換えることができます。ここで、依存的に生じるものとは、第六章のとおりコンディションであり、本質を通して存在しないことであるので、前の頌と同じ意味になります。

第五章ですでに論じたとおり、『ウパニシャッド』の立場はアートマンやブラフマンのような本質が存在するということであり、これに対して、『中論』は本質の存在を否定しているので、上記の結論は「本質を通して存在するということ、、、、」へのこだわりを否定することは、空である」と言い換えることができるのです。

結局、「空とは、本質がなく依存的に生じること」であり、これによって前節の「空性とはすべての見解を断滅すること」と同意義になるのです。

二十二品十一頌、

「空」は主張されるべきではない。「不空」は主張されるべきではない。両者も両者でないものも主張されるべきではない。それらはただ名目上使われる。

「空」と「不空」、ならびに「両者」と「両者でないもの」が、それぞれペアであると考えること自体がこだわりなのです。「空」はこの「こだわり」を断滅すること」なので、自己矛盾に陥ってしまい、主張することができないのです。

第五節　「中道」とは

日本でいわゆる『中論』と呼ばれているナーガールジュナの著作は、『根本中頌《こんぽんちゅうじゅ》』ともいわれ、またG訳とS訳ともに the Middle Way ですが、それらすべてが略称です。サンスクリットの正式名はMūlamadhyamakakārikāで、その意味は「中観派の体系についての根本詩節」〔『オックスフォード仏教辞典』一〇〇頁〕だそうです。なお、二つの仏教辞典を要約すると、中観派《ちゅうがん》とは、ナーガールジュナを創設者とし、「中道」を主張する大乗仏教の学派だそうです。

それはさておき、『中論』の題名となっている「中」という言葉は、G訳でMiddle Wayとして一か所しか登場しません。すなわち、二十四品十八頌、

依存的に相互に生じるものは何でも、それは空性であると説明される。

それは、依存的な名称であるが、それ自体が中道である。

一行目の「依存的に相互に生じるもの」とは、G訳でdependently co-arisenです。『中論』全体でこのco-arisenという表現は、この頌が唯一の使用例です。

それは、「帰敬序」の冒頭に見られる、コンディションを表す「依存的に生じるもの」dependently arisenとは異なる表現なのです。『広辞苑』によれば、「相互」という言葉は「どちらの側からも同じような働きかけがあること」なのです。つま

り、「空性」は二つの事物の間にあるものといえます。

表23の全体を見渡すと、「空性」は、四つの「コンディション」を二つずつに分けて、それらの中間に位置しています。そして、まさに「空性」こそが「中道」であることを、この頌は述べているのです。

表23
「空」と「中道」の位置関係

コンディション	原因のコンディション	知覚対象のコンディション	（空欄）空性	直接のコンディション	支配者のコンディション
優れた真実	本質を通さない理解		理解の断滅	直感	具現
感覚器官	―	五感	―	第六覚	
ダルマ	概念思考	対象化	概念思考と対象化の終止	ダルマ	
二つの真実	世俗の真実		見解の断滅	究極の真実	
ダルマ	こだわりの結果（見解）		中道	内部のダルマ	外部のダルマ
心の働き	知性 understanding		空性	感性 Kansei	

第六節　「知性」と「感性」

ところで、拙訳「理解」は英語で understanding ですが、この単語は他に「知性」とも訳出されます。これに対して、「空性」を挟んで対峙する心の働きが「感性」であり、第六覚という感覚器官で「ダルマ」を知覚する能力なのです。

ところが、注意すべきは、西洋哲学の「知性」と「感性」という概念が、我々日本人が考えているものと異なるということです。近代に大きな影響を与えたドイツの哲学者カント Immanuel Kant（一七二四―一八〇四）の『純粋理性批判』の Müller による英語訳〔*Critique of Pure Reason*, Immanuel Kant, translated by F. Max Müller, first edition 1881, re-printed Kshetra Books, p. 3〕について、論理性を最優先にした拙訳は、「それゆえ、対象は、感覚を通して我々に与えられる。感覚は唯一我々に直観を供給する。これらの直観は知性を通して思考になり、それゆえに概念を生じる」です。

表24のとおり、カントのドイツ語と英語の二つの訳書は、当然のことながら一対一で対応していますが、日本語訳ではばらつきがあるのです。カントのドイツ語原文 Sinnlichkeit は、英語では二つともに sensibility で、日本語の篠田訳、高峯訳、中山訳ともに「感性」です。一方において、原文 Verstand の英語訳は二つともに understanding ですが、その日本語訳は訳者により「悟性」と「知性」に分かれています。ところで「悟性」とは何でしょうか。『哲学事典』によれば「一般に知力、知性、論理的思惟能力の意にもちいられる」とあり、西周《にしあまね》（一八二九―一八九七）により最初に翻訳されたという話です。この言葉は一般的でないので、拙訳は「知性」にしました。

このカントの言葉において、sensibility は understanding に素材を与える低レベルのものであるとしています。だから、sensibility の拙訳は「感覚」としたので

表24
カント『純粋理性批判』の用語翻訳比較

原文（独語）	Müller/Smith 英訳	篠田／高峯和訳	中山訳	高田訳
Sinnlichkeit	sensibility	感性	感性	感覚
Verstand	understanding	悟性	知性［＝悟性］	知性
出典	Critique of Pure Reason, Immanuel Kant, F. Max Müller translation, first edition 1881, re-printed Kshetra Books Critique of Pure Reason, Immanuel Kant, Norman Kemp Smith translation, the Oxford Text Archive, 1985	『純粋理性批判（上）』カント、篠田英雄訳、岩波書店、一九六一 『世界の大思想 カント（上） 純粋理性批判』高峯一愚訳、河出書房新社、一九六五	『純粋理性批判1』カント、中山元訳、光文社、二〇一〇	―

す。これと同様に、『ウパニシャッド』においても、図3（九一頁）のとおり感覚は思考に材料を供給するものなのです。

それらに対して、拙訳の「感性」は「ダルマ」の世界を感受させる能力であり、「知性」と相反する対等の心の働きなのです。しかしながら、これに相当する英語の語彙がないので、そのままローマ字表記で **Kansei** としました。

第七節　『阿含経』における「中」

表25のとおり、上座部（小乗）の経典といわれる『阿含経』には主に四つの種類があります。それらの中で『中阿含経』「羅摩経」[『ゴータマ・ブッダ——釈尊伝』一三四頁]に、「まさに知るべし。二邊の行あり。諸の道をなす者の當《まさ》に學ぶべからざるところなり。一に曰く、欲樂・下賤の業・凡人の所業に著《じゃく》す。二に曰く、自ら煩い、自ら苦しむ。賢聖が法を求むるに非ず。義と相應すること無し。五（人）の比丘よ。この二邊を捨てて中道《ちゅうどう》を取ることあらば」とあり、要約すれば「中道」

とは、欲望と苦行という両極端を捨てて、それらの中間の道を行くことであるという。

また、他方、『雑阿含経』漢訳［『阿含経典1』一五二頁］に、「カッチャーヤナよ、正しい智慧によって、あるがままにこの世間に生起するものをみるものには、この世間には無というものはない。また、カッチャーヤナよ、正しい智慧によって、あるがままにこの世間から断滅してゆくものをみるものには、この世間に有というものはない。（略）如来はこれら二つの極端を離れて、中《ちゅう》によって法を説くのである。」とあります。これを要約すれば、「中」は無と有の間にあるという。因みに、カッチャーヤナ（漢訳で迦旃延《かせんねん》）は釈迦の十大弟子と呼ばれるようです。

これらに見られるように、『阿含経』の種類によって、「中道」の解釈が異なるようです。

『中論』で、それに相当するのは、十五品七頌、

あの勝利した方は、実在と不実在の知識を通して、あのカーティヤーヤナとの議

論の中で、「それはある」と「それはない」の両方を論破された。

であり、「有」と「無」は「それはある」と「それはない」とに対応していると考えられます。しかし、その理由は、前出の十五品十頌に、

「それはある」は永久にこだわろうとすることであり、「それはない」はニヒリズムの見解である。だから、賢人は「存在する」と「存在しない」を言わない。

とあり、「中道」についての言及はまったくないのです。

表25　『阿含経』の訳書一覧

漢訳四阿含			パーリ五部	
名称	訳者	訳出年代	名称	漢訳との対比
長阿含経	仏陀《ぶっだ》耶《や》舎《しゃ》・竺仏念	413	長部経典	おおよそ一致
中阿含経	僧伽提婆《そうぎゃだいば》	397-398	中部経典	おおよそ一致
雑阿含経	求那跋陀羅《ぐなばつだら》	435	相応部経典	主要部は一致
増一阿含経	僧伽提婆《そうぎゃだいば》	397	増支部経典	経数が異なる
その他	—	—	小部経典	漢訳にはない

出典：『阿含経典1』増谷文雄編訳、筑摩書房、二〇一二

そもそも、先述のとおり、漢訳の「有《う》」と「無」はそれぞれ、サンスクリットで astitva, nāstitva、G訳で existence, non-existence です［表4、七六頁］。アリストテレスの『形而上学』によれば［『パイドン――魂の不死について』一四八頁］、「二つの矛盾したもののあいだにはいかなる中間のものもありえず、必ず我々は或る一つについてはなにかある一つのことを肯定するか否定するかのいずれかである。」これはいわゆる「排中律」Law of excluded middle であり、近代の西洋哲学者ラッセルも The law of excluded middle: Everything must either be or not be「すべてのものは、あるかあらぬかのどちらかでなければならない」として支持しています［*The Problems of Philosophy*, Bertrand Russell, Dover Publications, Inc., 1999, p. 51］［『哲学入門』九〇頁］。つまり、論理的に「存在」astitva と「不存在」nāstitva の間に「中」middle はありえないのです。

それはともかく、ナーガールジュナが、これらの頌をわざわざ取りあげたのは、『阿含経』の「中」の解釈を暗に批判しているに違いありません。

第八節　まとめ

- 「ダルマ」とは概念思考と対象化の終止であり、「心を支え保つもの」である。
- ダルマは、第六覚で知覚される世界であり、また究極の真実であり、「内部のダルマ」と「外部のダルマ」に分けることができる。
- 「空性」は「見解を断滅すること」、すなわち「こだわりの結果を断滅すること」であり、「優れた真実」の二番目である。
- 「空とは、本質がなく依存的に生じること」であり、それによって「見解を断滅すること、すなわち空性」が可能になる。
- 「空性」こそが「中道」である。
- 「感性」Kanseiは「ダルマ」の世界を知覚させる能力であり、「知性」と相反する対等の心の働きである。

・ナーガールジュナは、『阿含経』の「中」の解釈を暗に批判している。

第九章　四つの成果

前出の二十四品二十七頌に、「(優れた真実により)四つの成果が可能である」とあります。この「四つの成果」とは何でしょうか。

二十四品二十九頌、

成果がなくて、成果の到達者や入信者はない。これにより、八種類の人々は存在しないことになる。もしこれらがないなら、コミュニティはない。

続けて、二十四品三十頌、

その優れた真実の不存在から、正しいダルマの不存在ということになってしまうだろう。

もしダルマとコミュニティがないなら、どのように覚者は生じうるのか?

これら二つの頌は、論敵の言として、本質を通して考えることを前提にしています。それを、ナーガールジュナは否定しているので、これらの頌の否定文を肯定文にひっくり返すと、前の頌においては「成果があって、成果の到達者や入信者があり、これにより、八種類の人々は存在し、コミュニティがある」ということになります。

ここで注目すべきは、到達者と入信者が逆順であることです。あえてこうしているのは、八種類の人々とコミュニティがそれらの間に位置していることを示しているのだと思います。

また、後の頌においては「その優れた真実の存在から、正しいダルマの存在になる。ダルマとコミュニティから、覚者が生じる」となります。ここで、もともと「その優れた真実」the Nobel Truthsから「成果」が生じるので、そのすぐ後に位置する「正しいダルマ」は、「四つの成果」の一番目になると推論できるのです。従って前の頌と考え合わせると、入門者と優れた真実は成果ではなく、また到達者とは覚者のことなので、結局、「四つの成果」とは正しいダルマ、八種類の人々、コミュニティ、覚者、ということになり、それぞれの訳語は表26のとおりです。

表 26　「四つの成果」について訳語比較

サンスクリット	G訳	S訳	中村訳	羅什訳	高田訳
dharma	the true doctrine [本当の教義]	the true Dharma [本当のダルマ]	正しい教え	法宝	ダルマ
?	the eight kinds of persons [八種類の人たち]	the eight kinds of person	八種の人々（八輩）	八聖	八種類の人々
saṃgha（注）	spiritual community [霊的集団]	saṃgha	つどい（サンガ）	僧宝	コミュニティ
buddha（注）	a Buddha	a Buddha	仏	仏宝	覚者

（注）　"saṃgha"「集団」「集まり」の意。漢訳で「僧伽（そうぎゃ）」
［『オックスフォード仏教辞典』豊嶋悠吾編、朝倉書店、二〇一六］
"buddha" 物事の真実に目覚めた者のことを指す。［『オックスフォード仏教辞典』豊嶋悠吾編、朝倉書店、二〇一六］

第一節 「四つの成果」(1) 正しいダルマ

各々の「コンディション」を目的語とし、「優れた真実」をその述語とした結果を「プロセス」として「四つの成果」が生じると、定式化して考えてみることにします。

すると、第七章第四節の結論として、「原因のコンディションと知覚対象のコンディション」を、「本質を通さないで理解する」と、「正しいダルマ」という成果が生じるとなりますが、それらの間の「プロセス」を検討します。

「正しいダルマ」とは正しく「ダルマ」を理解することです。

つまり、「第六覚でダルマを知覚する」という『中論』の内容を、正しく理解することは知性の働きであり、「四つの成果」の一番目であるのだが、これを二番目の「知性の断滅」で無きものにするという、ややこしい関係を説いていると考えられるのです。

それを法然は、「聖道」と呼び、次のように説いたのです。すなわち、「仏教は聖《しょう》道《どう》と浄土に分かれ、聖道の教えは、時代の衰えた現代では実践しても成果が得られない。理由は二つ。一つは、釈尊が亡くなられてからはるかな時間が経ってしまったから。二つは『聖道』の教えは、深遠で理解が極めて難しいから、だ」というのです。

このような法然の指摘を待つまでもなく、知性の断滅すなわち「何も感じず何も考えない状態を続けること」は、口でいうのは簡単ですが、実践となると非常な困難が伴います。坐禅で「雑念を払え」と禅僧に言われても、意識すればするほどかえって増すことは、体験者なら誰でも身に覚えがあることでしょう。それよりも、法然は「なむ・あみ・だぶつ（南無阿弥陀仏）」という六拍子の念仏を、一心に唱えること［『選択本願念仏集　法然の教え』五四頁］を説いたのです。真言宗の「南無大師遍照金剛」にしろ、また日蓮宗の「南無妙法蓮華経」であろうと、一心に念じることが重要なのです。

このように、念仏は「正しいダルマ」を実現するための簡便な方法だったのです。

第二節 「四つの成果」(2) 八種類の人々

二番目の「コンディション」は空欄ですが、対応する「優れた真実」に「理解」という目的語を含んでいるので、定式によると、「理解を断滅」した結果の「プロセス」があり、それから「八種類の人々」という成果が生じる、と推論することができます。

この「プロセス」とは何でしょうか。

十八品九頌、

他のモノに依存せず、安らかでそして概念思考によって偽装されず、思考されることなく、区別なく、それが実在の特徴である。

「他のモノに依存」とは「他のモノ」という本質を主張する立場であり、「思考」と「区別」は共に「概念思考」を示していて、それらをこの頌は否定しているので実在が虚構であり、それによって、「安らぎ」という「プロセス」が生まれるのです。

しかし、実在が虚構であるということは、人が生きていく上で頼りになるものを必要とすることであり、それが、「八種類の人々」であると考えられるのです。これが「四つの成果」の二番目です。

しかし、「八種類の人々」の内容についての言及はありません。似ているものとしては、表27のとおり、「八支聖道《はっししょうどう》」があります。『オックスフォード仏教辞典』は出典は明らかではないが、「四聖諦《ししょうたい》」の最後としてある、と説明しています。

表 27
「八支聖道」と「八正道」

	「八支聖道」（注）		「八正道」（注）	高田解釈
1	正しい見解（正見）	四聖諦など仏教の基本的な教義を認めること。	正見	真実の理解
2	正しい思惟（正思）	前向きな考えを持ち、煩悩や悪意、残忍さから離れた心をもつこと。	明を成じ	正しい思考
3	正しい言葉（正語）	虚言や粗暴に話すことなどの実りのない発言を避け、前向きで生産的な発言をすること。	智を成じ	正しい言葉
4	正しい行為（正業）	五戒（不殺生、不偸盗、不邪淫、不妄想、不飲酒）などの戒律を遵守すること。	定を成就し自在を得	正しい行為
5	正しい生活（正命）	奴隷商や武器商など、他人に害悪をもたらす職業を避けること。	智に趣き	良い職業
6	正しい努力（正精進）	宗教的な到達点と、心の健全性を生み出し育むことに心を向けること。	覚に趣き	正しい努力
7	正しい情念（正念）	常に思慮を保ち、自分が何を行い、考え、感じているかを意識すること。	涅槃に趣く	正しい意志
8	正しい禅定（正定）	瞑想で禅定に入るのに必要な、集中力が高まった状態に至るための心の修行。	正定	直感の育成

（注）「八正道（はっしょうどう）」ともいう。〔『オックスフォード仏教辞典』豊嶋悠吾編、朝倉書店、二〇一六〕
出典　『中阿含経』「羅魔経」〔『ゴータマ・ブッダ――釈尊伝』中村元、法蔵館、一九五八年、一三四頁〕

他方、「八正道《はっしょうどう》」があります。前出の『中阿含経』「羅摩経」〔『ゴータマ・ブッダ――釈尊伝』一三四頁〕の続きに、「この二邊を捨てて中道《ちゅうどう》を取ることあらば、明を成じ、智を成じ、定を成就して自在を得。智に趣き、覺に趣き、涅槃に趣くは、すなわち八正道なり。正見《しょうけん》乃至正定《しょうじょう》なり。これすなわち八となす。」とあります。

これら二つの記述において一致する箇所は、最初の「正見」と最後の「正定」だけです。ただし、四諦、八正道、中道と結びつけたものは、かなり後世のことであるという〔同、一三五頁〕ので、それらの信頼性には疑問が残ります。

「八種類の人々」のサンスクリット原文の研究もあまりなされておらず、この言葉については二つの辞典ともに言及していないのです。従って、詳しい正体は不明ということになりますが、「八支聖道」などを参考にして、人間の行動のあるべき姿として、「八つの正当性」を示すことができます。すなわち、真実の理解、正しい思考、正しい言葉、正しい行為（殺さず、盗まず、犯さず、嘘をつかず、酒に溺れない）、良い職業、正しい努力、正しい意志、直感の育成を示していると、私の拙い経験では思えるのです。

つまり、それら「八つの正当性」を感じることが、この世に生きている証として、心の安らぎをもたらしてくれるのです。というのも、知性を断滅しただけでは、その束縛から心が解放されるけれども、欲望に翻弄されるか、無知の迷妄に陥ってしまうからなのです。

第三節　「四つの成果」⑶　天才のコミュニティ

表26（一八四頁）のとおり、拙訳「コミュニティ」のサンスクリット「サンガ」saṅgha は、『オックスフォード仏教辞典』によると「集団」「集まり」という意味だという説明です。G訳は spiritual community ですが、S訳はサンスクリットをそのまま引用しています。中村訳は「つどい（サンガ）」、三枝訳は「僧（迦（サン

表28
"tattva-darśana"
「洞察」の訳語

G訳	S訳	中村訳	三枝訳	高田訳
insight [洞察力、直感]	have seen reality [現実を見た]	真理を見る	真実義を知見する	洞察

（注）"tattva" 真理や真実、事実、基本原理など、幅広い意味を表す哲学用語。
[『オックスフォード仏教辞典』豊嶋悠吾編、朝倉書店、二〇一六]
"darśana" 仏教においては、真実や仏教狭義の諸相についての洞察を意味する。
[『オックスフォード仏教辞典』豊嶋悠吾編、朝倉書店、二〇一六]

ガ、教団)」」です。

伝統的には「サンガ」が仏教徒の集合体とされますが、僧院に集合して修行しているだけのいわゆる「僧」であれば、せいぜい「八種類の人々」のどれかに当てはまるだけでしょう。この「コミュニティ」は、「四つの成果」の順番からすると「八種類の人々」より上位で、「覚者」より下位に位置しています。

残念なことに、『中論』には、その具体的な内容や獲得する方法についての記述がないのです。ヒントになるのは、二十六品十頌に、

輪廻の根源は行為だから、賢い人は洞察のゆえに、

行為をしない。賢くない人は行為者である。

ここで注目すべきは、拙訳「根源」の元となるG訳とS訳が、ともにroot(s)であり、「原因」causeでないのは、論理的思考ではなく感性によるものであるにちがいないからだと思います。表28のとおり、拙訳「洞察」のサンスクリットtattva-darśanaの原義は「真実を洞察すること」ですので、三番目の真実と成果の対応関係として、「直接のコンディション」を「直感」することが「洞察」であり、これから「コミュニティ」という成果が生じる、という一連の定式になると解釈できるのです。

このように「コミュニティ」とは、真実を洞察できる人々の集まりを意味していると考えられるのです。この「真実を洞察できる人々」は巷でいわれる「天才」たちであるに違いないのです。いわゆる「ひらめき（insight）」やインスピレーションなどにより、様々な分野で革命的な仕事を成し遂げた人々です。しかし、誰にでもできることではありません。長い期間の絶え間ない努力の日々の中で、突然に開花するのです。入浴時や散歩のときあるいは睡眠中など、知性の働きがない場面でよく起こることは、歴史上よく知られています。ただし、それを発現させる方法については明らかでなかったのです。

ところで、法然は、いったいどのようにして「念仏の効能」をシリ得たのでしょうか。その著書『選択本願念仏集《せんちゃくほんがんねんぶつしゅう》』によれば、道綽《どうしゃく》（中国浄土教の祖師、五六二―六四五）と善導（中国浄土教の大成者、六一三―六八一）他が提示した、聖道《しょうどう》と浄土、正行《しょうぎょう》と雑行《ぞうぎょう》、正業と助行、上輩と中輩と下輩、等々の複雑多岐にわたる分類の中から、法然は唯一「念仏」だけを選択したのです。

善導の『観経疏《かんぎょうしょ》』の成立について、「就中、毎夜夢に僧が現れて、幽玄な真理を手ずから授けたという。この僧はおそらく阿弥陀仏の化身であろう。」さらに「この『観経疏』は阿弥陀仏が直接説かれたものといわねばならない。」と、法然は記しています〔『選択本願念仏集』一五六頁〕。

ここで重要なことは、善導が夢の中でひらめいた（insight）こと、さらには法然がそれを阿弥陀仏から直接受け取ったと信じたことが、「就中《なかんずく》」という表現に集約されていると思います。

結局のところ、このコミュニティは修行中の僧の集団ではなく、「天才のコミュニティ」と解釈するのが適切であり、「四つの成果」の三番目となります。

第四節　「四つの成果」⑷　覚者

表26（一八四頁）のとおり、サンスクリット buddha の拙訳「覚者」について、G訳とS訳は共に a Buddha であり、歴史的人物としての the Buddha とは冠詞で区別されています。これらは、日本語にない表現なので、前者を「真実に目覚めた人」という意味で略して「覚者」、後者を「ブッダ」と訳出しました。

これに関連するものとして、十八品十二頌、十分に覚醒された人たちが現れず、その弟子たちも姿を消してしまったとき、先生なしに、独覚によって、完全な知恵が生まれるだろう。

表31のとおり、サンスクリットbodhiの字義は「覚醒」であるので、そのままに訳出しました。

さらに、二十六品十一頌、

無知の消滅に伴って、行為は生じないだろう。無知の消滅は具現と知恵を通して起こる。

この頌の「具現」は、第七章第七節において「優れた真実」の四番目として位置付けられました。

それら二つの頌を見比べ、さらに前節までの定式を当てはめると、「支配者のコンディション」を「具現」することが「覚醒」であり、これにより「覚者」が生じる、という推論に至るのです。

ここで表29のとおり、拙訳「独覚」のサンスクリットpratyekabuddhaは、『オックスフォード仏教辞典』によると、「個人の仏」「独りの仏」の意、と説明されています。中村訳は欠落しているので、三枝訳を参考にしました。同様に、表30のとおり、jñāna は「知識」を広く意味する語であるというが、『ウパニシャッド』の「知識」と混同しないように、「知恵」と訳出しました。そのG訳 wisdom の用例は、二頌だけであり、『中論』にその内容について説明がありません。しかし、「覚醒」と「具現」に深く関係していることから、「知恵」は覚者が生まれるための必須条件であり、表36の「賢者」に関わるすべての知識と体験を意味していると考えられるのです。これは第二節の「正しいダルマ」という成果を生じる基になったと推論されるのです。

ここに至って、歴史上の聖人といわれる人々にまつわる話を思い出しました。すなわちキリスト教のゴッドは「支配者のコンディション」に、「声が天からきこえてきた」は「具現」に相当し、その結果イエスは覚醒して「覚者」になるのです。同様に、イスラム教のアッラー、啓示されたということ、マホメット＝ムハンマド

表 29
"pratyekabuddha"
「独覚」の訳語比

G訳	S訳	三枝訳	羅什訳	高田訳
self-enlightened	pratyekabuddha	独覚 ひとりで悟りを得る人	仏	独覚

（注）"pratyekabuddha"「個人の仏」「独りの仏」の意。
〔『オックスフォード仏教辞典』豊嶋悠吾編、朝倉書店、二〇一六〕

表 30　G 訳
"jñãna"「知恵」の
用例比較

G訳	S訳	中村訳	三枝訳	高田訳
wisdom [知恵]	knowledge [知識]	知	智	知恵

（注）"jñãna"「知識」を広く意味する語。
〔『オックスフォード仏教辞典』豊嶋悠吾編、朝倉書店、二〇一六〕

表 31
"bodhi"「覚醒」の
訳語比較

G訳	S訳	中村訳	羅什訳	高田訳
enlightenment [啓発・悟り]	enlightenment [啓発・悟り]	さとり	仏	覚醒

（注）"bodhi"「悟り」、「覚り」とも書く。真理（法）に目覚めること。
〔『岩波仏教辞典』中村元他編、岩波書店、一九八九〕
字義どおりには「覚醒」を意味する語であるが、一般的には「悟り」と翻訳される。
〔『オックスフォード仏教辞典』豊嶋悠吾編、朝倉書店、二〇一六〕

に、それぞれ相応しているのです。

むしろ、「支配者のコンディション」は、「覚者」である孔子の説く「天」に近いと思いますが、『論語』などには「具現」や「覚醒」について記されていないのです。

一方、日本において、日本最古の歴史書『古事記』に「その太后息長帯日売《おきながたらしひめ》の命（神功皇后）は、当時神帰《そのかみよ》せしたまひき。」とあり〔『新訳　古事記』一二三頁〕、同じ場面を『日本書紀』では「親《みづか》ら神主《かむぬし》と為《な》りたまふ。」と表現しています〔『日本書紀（二）』坂本太郎他校注、岩波書店、一九九四年、一三八頁〕。古くから卑弥呼神功皇后説がありましたが、今の時代考証では否定的です。

一方、仏教の一派である密教において、「支配者のコンディション」を大日如来に相当させていると思いますが、「唯一絶対の神のような本質」は存在しないというのがナーガールジュナの立場です。

それはともかく、結局、二十四品三十二頌、あなたのように、自分の本質を通している人は、覚醒されなかった、反復練習によっても、覚醒への道は覚醒を成し遂げえない。

この頌は、論敵のように、自分の本質を通している人、すなわち『ウパニシャッド』の知識を信奉していて知性に偏っている人は、覚醒することができないと主張しているのです。結局のところ、「支配者のコンディション」を「具現」することが「覚醒」であり、その成果として「覚者」が生じるということです。これが「四つの成果」の四番目です。

第五節　苦しみの解消

拙訳「苦しみ」は、表32のとおり、中村訳を参考にして日常語で訳しました。元のサンスクリット duḥkha の意味は『オックスフォード仏教辞典』の趣旨として、

「英語には、仏教における苦が意味するものと同じ概念は存在しない。（略）たしかに suffering という英語が通常表すような生におけるあらゆる種類の苦悩の意味を持っているが、より深遠な、たとえば無常性や非充足性といった意味も含んでいる」とあります『オックスフォード仏教辞典』。つまり、「苦しみ」とは、病気や死あるいは絶望など日常的な生活から来る苦悩の他に、自分の思うとおりにならない（非充足性）、さらに確固としたもの（本質）がないという不安感（無常性）をも意味していると思います。これらは「三種の苦しみ」と言うことができると思います。

二十四品二十四頌、

もしも、その道（the path）が本質を持つとするならば、修練は適切でないことになるだろう。もしこの道（this path）が実際に修練されるなら、それは本質を持ちえない。

表32 "duḥkha"「苦しみ」の訳語比較

G訳	S訳	中村訳	羅什訳	高田訳
suffering	suffering	苦悩	苦	苦しみ

一行目は仮定法過去形で逆の意味になり、二行目が現在形なのでそのままこの頌の結論となり、「修練の道は本質を持たない」と言い換えることができます。

その頌から十四個の頌を飛ばして、二十四品三十八頌、

もし本質があるなら、唯一無二の世界は不発生で、不消滅で、静止しているだろう。

全体の現象の世界は、不変であるだろう。

この頌は、仮定法現在形なので、条件文としてそのまま裏返すと「本質がないので、世界は発生し、消滅し、静止していないだろう。現象の世界は変化する」となります。

続いて、二十四品三十九頌。

もしも、それ（世界）が空でないとするならば、それで行為は利益なくあるだろう。

苦しみを終結させ苦痛と穢れを捨てる行動は存在しないだろう。

これは過去形なので「本当は世界が空なので、行為は利益があり、苦しみを終結させ、苦痛と穢れを捨てる行動は存在する」となり、

さらに、二十四品四十頌。

依存的な発生を見る者は誰でも、

また苦しみと、その発生と、その消滅を、その道と同じように見る。

Whoever sees dependent arising Also sees suffering And its arising And its cessation as well as the path.

日本語は冠詞や代名詞の使い分けが厳密でないので、G訳の英文でこれらの文の論理を考察します。すると、二十四品四十頌の「その道」the pathは、G訳とS訳ともに前方照応の定冠詞なので、前の文脈にある二十四品二十四頌の結論、すなわち「本質を持たない修練の道」を指していると思います。

それら四つの頌は、the pathで繋がった連続の文章とみることができ、また第八章第四節で「空とは本質がないこと」なので、まとめると「依存的な発生は、世界

が空であることなので、本質を持たない修練の道と同じように、発生し消滅し、静止していないだろう。だから、苦しみを終結させ、そして苦痛と穢れを捨てる行動が存在する」となるのです。

最後の頌だけを取り出して、「苦、集、滅、道」の「四諦」を意味すると解釈するのは文脈上において無理があると思います。『中論』は苦しみを消去する方法だけを説いたのでないことが解ります。

それはともかくとして、二十六品十二頌、

コレとアレの消滅を通して、コレとアレは出現しないだろう。

全部の苦しみの集まりは、実にそれによって完全に消滅する。

ここで「コレとアレ」は因果律すなわち知性を表しているので、知性を断滅することによって、苦しみが消滅するというのが結論となるでしょう。

第六節　賢くない人の苦しみ

前節までの四つの成果や苦しみの解消は、修練によって知性を断滅することができた人、つまり「賢い人」における境地なのです。これに対して、実際に巷に蔓延する普通の人、すなわち『中論』において「賢くない人」にとって、それは叶わないことであり、三種類の行為に苦しむことになるというのです。

二十六品一頌、

無知の暗闇に包まれて、人は性質として、
未来の存在に繋げることへ駆り立てるような三種類の行為を行う。

この「三種類の行為」が「四つのコンディション」から繋がることは、二十六品「十二のつながり」に展開されているので、順に見ていきます。

（二）一番目の行為

二十六品六頌、

感覚によって条件づけられたものが欲望である。感覚のゆえに欲望が生じる。欲望が現れた時、こだわりがある、こだわりの四つの領域がある。

二行目の「こだわり」は、第八章第三節にあるとおり「真理を把握しようとする心」であり、「理解」や「知性」より強い言葉です。また、拙訳「欲望」のサンスクリット tṛṣṇā は、表33のとおり、原義が「渇き」であり、人間の最も根源的な欲望であるとされます。「愛」という文字はキリスト教の love と混同されるため、使用を避けることにしました。

二行目の「四つの領域」は不明ですが、重要でないので無視します。

続いて、二十六品七頌、

こだわりがあるとき、こだわる者は存在になる。

もしも、彼がこだわらないとするならば、それで彼は解放され、存在にならないだろう。

これら二つの頌は「感覚から欲望が生じ、それからこだわりがあり、こだわる者は存在になる」とつながるのです。ここで、「存在になる」とは、肉体的に意識する存在になる、という意味であり、日常的な表現では「欲望から肉体についてこだわり、くよくよ悩み苦しむ」と言い換えることができると思います。二行目は、G訳で仮定法過去形なので、実際にはこだわるので解放されない、ということになります。

前節のとおり、賢い人は、こだわりという知性の働きを断滅することによって、苦しみが消滅するという結論となるでしょう。しかし、この「知性を断滅すること」

表33
"tṛṣṇā"「欲望」の訳語比較

G訳	S訳	中村訳	羅什訳	高田訳
craving	desire	盲目的衝動（愛）愛欲	愛	欲望

（注）"tṛṣṇā" 愛。渇愛。人間の最も根源的な欲望。Tṛṣṇā の原義は「渇き」。［『岩波仏教辞典』中村元他編、岩波書店、一九八九］

渇愛。「渇き」の意。渇望。［『オックスフォード仏教辞典』豊嶋悠吾編、朝倉書店、二〇一六］

は簡単ではありません。座禅をはじめ様々な修練の方法が宗派によって考えられてきましたが、果たして目的は達成されたのかどうか疑問の残るところでしょう。

（二）二番目の行為

洞察しない人は、二番目の行為をするという。

再び二十六品十頌に、

輪廻の根源は行為だから、賢い人は洞察のゆえに、行為をしない。賢くない人は行為者である。

すでに本章第三節で論じたような、洞察力のない普通の人は、意図的な行為をした結果、実現できずに苦しむのです。これは「非充足の苦しみ」と呼ぶことができます。巷では「無欲になれ」とよく語られます。一方において「夢を持て」と無責任なことを言う人がいますが、たいていは夢破れて非充足の苦しみを味わうことになるのです。

（三）三番目の行為

二十六品十一頌、

無知の消滅に伴って、行為は生じないだろう。
無知の消滅は具現と知恵を通して起こる。

この頌が、本章第四節にあるとおり、「支配者のコンディションを具現して覚醒すること」であるとすると、「支配者のコンディション」とは、人が導かれていると感じられる先にある状況を意味しています。これは、先述のとおり、孔子の言う「天命」の源となる「天」と同等の意味と解釈できると思います。無知な人はこの天命に反する行為を行うことになり、「突然の不幸に見舞われる」というような「無常性の苦しみ」に陥ることになるのです。

結局のところ、賢くない人は、こだわりと意図的な行為と天命に反する行為、という三種類の行為によって、心身の苦しみと非充足の苦しみと無常性の苦しみ、という三種類の苦しみを得ることになるのです。

第七節　ニルヴァーナと輪廻

表34のとおり、サンスクリット nirvāṇa についてG訳とS訳はそのままの表記になっていて、中村訳もカタカナ表記であり、羅什訳は音写「涅槃」であるので、拙訳も「ニルヴァーナ」としました。

『オックスフォード仏教辞典』によると、nirvāṇa という語は、否定的前置詞 nir と、吹くという意味の vā または覆うという意味の vṛ のいずれかのサンスクリット語根からなると説明されています。ここでは前者を採用して「知性を吹き消す」すなわち「知性の断滅」という意味に解釈しました。

先述の十八品五頌に、

行為と苦痛が消滅して、ニルヴァーナがある。行為と苦痛は、概念思考に由来する。概念思考は心の偽装に由来する。偽装は空を通して消滅する。

とあるので、「由来する」を逆から読んで「空によって、心の偽装が消滅し、概念思考も消滅することになり、それから行為と苦痛が消滅し、ニルヴァーナがある」ということになるのです。

二十五品三頌、

断滅されず、達成されず、絶滅させられず、永久でなく、発生されず、消滅されず。すなわち、これはニルヴァーナが描写される方法である。

表34
"nirvāṇa"
「ニルヴァーナ」の訳語比較

G訳	S訳	中村訳	羅什訳	高田訳
nirvana	nirvāṇa	ニルヴァーナ	涅槃《ねはん》	ニルヴァーナ

（注）"nirvāṇa" 否定的前置詞 nir と、「吹く」という意味の vā 、または「覆う」という意味の vṛ のいずれかのサンスクリット語根からなる。
〔『オックスフォード仏教辞典』豊嶋悠吾編、朝倉書店、二〇一六〕

一行目の「断滅されず」は、ニルヴァーナは断滅されるものではなく、知性が断滅された結果であること。従って達成する目標になるものではないので「達成されず」となります。

「絶滅されず、永久でなく」は、不存在と存在という概念であり、そして、同様に「発生されず、消滅されず」は生滅という論理的な思考であり、それらをことごとく否定しているのです。だから、二十五品十頌に、

あの先生は、生成と分解を断滅することを説いた。

それで、ニルヴァーナは存在するのでも不存在でもないことが道理にかなう。

であることに、得心が行くことになります。

結局のところ、ニルヴァーナとは、「知性を断滅することによってダルマをシル境地」ということになります。

一方で、輪廻について、二十五品十九頌、

輪廻とニルヴァーナの間には少しも相違はない。

ニルヴァーナと輪廻の間には少しも相違はない。

前の頌のとおり、「ニルヴァーナと同じく、輪廻も存在するのでも不存在でもない」ということになります。ここで表35のとおり、拙訳「輪廻《りんね》」の元 saṃsāra の意味は、『オックスフォード仏教辞典』によれば、「続く流れ」の意。涅槃を得るまで衆生が経験し続ける、繰り返す生と死の循環だということです。

前出の、二十六品十頌に、

輪廻の根源は行為だから、賢い人は洞察のゆえに、
行為をしない。賢くない人は行為者である。

ここで、輪廻の根源は行為であるとしていますが、『中論』には輪廻がどういう

表35
"saṃsāra"「輪廻」の訳語比較

G訳	S訳	中村訳	羅什訳	高田訳
cyclic existance ［循環存在］	saṃsāra	輪廻	生死・世間	輪廻

（注）"saṃsāra"「続く流れ」の意。涅槃を得るまで衆生が経験し続ける、繰り返す生と死の循環。［『オックスフォード仏教辞典』豊嶋悠吾編、朝倉書店、二〇一六］

ものかの記述はありません。これに対する『ウパニシャッド』などのヴェーダ文献には、生と死の循環という思想がある一方で、この saṃsāra という言葉は現れないようです。つまり、『ウパニシャッド』の生と死の循環という思想と、『中論』の「輪廻」とを、後の解釈者が混同して、同じ思想であるかのように解釈したのかもしれません。

結局のところ、ナーガールジュナは、輪廻がニルヴァーナと同じく概念上のものであるので、その存在と不存在は議論されるべきではないが、行為が輪廻の根源であると洞察によって直感できると述べているのです。いずれにしても、人間にとって重要なのは、前世や死後の世界ではなく、現世での行為であると主張しているのです。

第八節　神仏習合

ここで、奇妙なことに気づきます。すなわち、（一）において、「原因のコンディション」と「知覚対象のコンディション」について、人が「理解」するという関係は、客観と主観のごとく、互いに分離して対立しているようなのです。これが知性の働きの特徴です。

その知性を「断滅」した結果、心の内部の「直接のコンディション」と人の「直感」の関係とが、また外部の「支配者のコンディション」と人との「具現」が、それぞれ合一化しているように見える、という奇妙な関係に気づきます。これらが感性の世界観なのです。

特に、「支配者のコンディション」を人が「具現」していることは、支配者という状況の中に人が一体となって浸っているというイメージであり、支配者と具現者が融合しているように感じられるのです。これこそが、日本に古代から伝わる伝統の「惟神《かんながら》の道」に通じるものであると思います。因みに、「惟神の道」とは『哲学事典』によると、「神のままに、神のおわするままにの意で、人のさかしらをくわえぬことを意味する」という説明です。ここで、「さかしら」が「知性」と同意義であることは明らかです。

ところで、孔子の「天」がこの「惟神の道」と異なる点は、天と人とが隔絶された状態にあるということです。

すなわち、古代中国から伝わる占術の書とされる『易経』〔『易経（下）』高田真治・後藤基巳訳、岩波書店、一九六九年〕の「周易繋辞上伝」の内容を要約すると、「天下は天地人からなり、人は天と地の中間にあって、これらを直接知ることができない。ただ、天の象と地の形の変化を易で知りうるのみである」というのです。

「感性」Kanseiとは、第六覚を通してダルマをシル能力です。そして、このダルマを課題にしたのが密教だと考えられるのです。密教が今にまで伝わるのは、世界でチベットと日本だけのようです。チベットにはポン教という仏教伝来前の土着の宗教があることはすでに述べました。同じように日本にも古来より神道《しんとう》があり、神霊と人間が一体となり感応し合うのです。

これは仏教のダルマと類似した心の状態であり、神仏習合の神髄だと思います。

最後に、わが日本には三世紀ごろ卑弥呼と呼ばれる女王が、乱れていた倭国を統一したと、中国の歴史書『三国志』「魏書烏丸鮮卑東夷伝倭人条」、いわゆる『魏志倭人伝』〔『現代語訳　魏志倭人伝』松尾　光、KADOKAWA、二〇一四年、五〇頁〕に記されています。そこには「鬼道を事とし、能《よ》く衆を惑わす」と表現されています。当時の中国人にとって、得体のしれない「神道」は「鬼道」に、「衆を導く」は「衆を惑わす」に思えたことでしょう。「卑弥呼《ヒミコ》」は「日の巫女」、または「日ノ御子」であると考えられますが、日本の歴史書には登場しないので、これ以上は言及できません。ともかく、神道により衆を導き、乱れていた多くの国を一つにまとめあげたということは、その当時として最高の「覚者」といえるでしょう。

第九節　まとめ

・「四つの成果」とは、正しいダルマ、八種類の人々、コミュニティ、覚者。

・「正しいダルマ」とは、正しくダルマを理解することであり、一番目の「成果」である。

・「八種類の人々」とは、心の安らぎをもたらしてくれる「八つの正当性」であり、二番目の「成果」である。

・念仏は「正しいダルマ」を実現するための簡便な方法だった。

・「コミュニティ」とは、「天才のコミュニティ」であり、「直接のコンディション」を「直感」する「洞察」から生ずる三番目の「成果」である。

・「覚者」は、「支配者のコンディション」を「具現」する「覚醒」からが生じる四番目の「成果」である。
・知性を断滅することによって、苦しみが消滅する。
・賢くない人は、こだわりによる行為と意図的な行為と天命に反する行為、という三種類の行為によって、心身の苦しみと非充足の苦しみと無常性の苦しみ、という三種類の苦しみを得る。
・輪廻とニルヴァーナは概念上のものなので、現世での行為が重要である。
・「感性」Kanseiとは、第六覚を通してダルマをシル能力であり、これは日本の神道と類似している。

以上をまとめて縦の関係を改めて見渡してみると、表36となる。

表36　賢者と賢者でない人

人	分類	知性（understanding）		空性	感性	
賢者	コンディション	原因のコンディション	知覚対象のコンディション	空	直接のコンディション	支配者のコンディション
	優れた真実	本質を通さない理解		断滅	直感	具現
	プロセス	見解		安らぎ	洞察	覚醒
	四つの成果	正しいダルマ		八種類の人々	天才のコミュニティ	覚者
賢者でない人	三つの行為	こだわり		—	意図的な行為	天命に反する行為
	三種類の苦しみ	心身の苦しみ		—	非充足の苦しみ	無常性の苦しみ

第一〇章　『中論』の現代的意味

ブッダからおおよそ二五〇〇年、ナーガールジュナから約一七〇〇年を経た現代に至って、人類はどれだけ進歩してきたのでしょうか。

現代人の「知性」は、主に科学的方法に基づいています。科学的方法のルーツは、ギリシャ哲学にまで遡れるようですが、方法として意識されるようになったのは近代のことです。フランスの数学者・哲学者ポアンカレ Jules-Henri Poincaré（一八五四―一九一二）は、「ある種の仮説は確かめることができるし、ひとたび実験によって確認されれば、多くの結果を生む真理になることであり、これは、ことに数学や科学でよく見当たるものである」と述べています。〔『科学と仮説』ポアンカレ、河野伊三郎訳、岩波書店、一九五九年、一四頁〕〔*Science and Hypothesis*, Henri Poincare, Dover Publications, Inc., 1952, preface xxiii〕

そのような科学的方法は、その応用技術やコンピュータの驚異的な発展に伴い、人間の心と生活を占有し、さらには国家を超えたグローバルな地球環境へも影響を及ぼし、ついにはＡＩ（人工知能）として人間の知性の能力を凌駕しつつあります。現代社会の状況は、今から二五〇〇年前に『ヴェーダ』という「知識」を信じる旧バラモンの支配に対して、ブッダが立ち向かった時代に似ています。さらに時代が下って、一七〇〇年前の『ウパニシャッド』の信者である新バラモン（ヒンドゥー教徒）の「知性」優先の思想に対して、ナーガールジュナが新たに挑戦した時と、酷似しているのです。

つまり、『中論』を現代において読み解くことが、科学（Science）という「知性」の束縛から人類を解放し、新たな精神のステージへと発展させるヒントを与えてくれるに違いありません。

第一節　自然科学

我々が見たり聞いたりする物質について、考える学問は物理学です。ノーベル物理学賞受賞ファインマン Richard Phillips Feynman（一九一八―一九八八）によれば、科学的方法は「観察と推理と実験とが相まって形成されるもの」であり〔『ファインマン物理学I　力学』ファインマン／レイトン／サンズ著、坪井忠二訳、岩波書店、一九六七年、一七頁〕、「実験の背後にある法則を見出して、〔熱、電気、力学、化学現象、光等々〕のような類別を統合しようというのが、今日の基礎理論物理学の課題である」という説明です〔同、一八頁〕。

ここで「観察」や「実験」は、五感を通して様々なエネルギーを知覚することを基礎としています。つまり、目、耳、などの感覚器官が知覚する対象は、それぞれ光のエネルギー、音のエネルギーであり、鼻と舌が感じるのは化学エネルギーです。さらに皮膚については、圧力が運動エネルギー、冷熱が熱エネルギー、感電が電気エネルギーなどをそれぞれ知覚しているのです。

それでは、「エネルギー」とはいったい何なのでしょうか。ノーベル物理学賞受賞者プランク Max Karl Ernst Ludwig Planck（一八五八―一九四七）は、「エネルギーとは、ひと言でいえば、外部に対して影響を及ぼす能力である」と述べています〔『エネルギーとは何か』ロジャー・G・ニュートン著、東辻千枝子訳、講談社、二〇一五年、三頁〕。エネルギーが「能力」であるとすれば、「実体がない」のが当然であり、人間の心が作り出した虚構なのです。これが『中論』において、主張される「知覚対象のコンディション」なのです。

前節の科学的方法において、「推理」や「法則」とは何でしょうか。例えば、視覚に対応する光エネルギーについては、アインシュタインの提唱した式「E=hν」で表されます。ここで「プランクの定数（h）」は自然界に存在する決まった数で、他の物理量と区別するために「ハー」と読みます。また「ν」はギリシャ文字で「ニュー」と読み、光の振動数を示しています。数式が苦手の方のために、この式の意味するところを文章で表現すると、「光のエネルギーは、光という波の振動数の大小によって決まる」という因果律を示しているのです。

ところで「波」とは、何でしょうか。『理化学辞典』によれば、「空間的にも時間的にも変動するような場の運動」です〔『岩波理化学辞典　第5版』長倉三郎他編集、岩波書店、一九九八年〕。難しい定義はさておいて、「波」の性質で代表的なものが「干渉」です。つまり、二つの穴を同時に通って相互に影響し合うという現象です。

その一方で、アインシュタインは、「$E=mc^2$」という有名な質量の方程式を提唱しました。「c」は、光の速度で非常に大きい数を表し、また「m」は質量すなわち球のような塊を意味しているので、この方程式は、光は球であること述べているのです。

それら二つの式で、アインシュタインは「光は波でありかつ球である」と互いに矛盾する光の性質を述べていて、しかも実験で証明されているのです。球は、ビリヤードのように前の球を押すことができても、同時に二つの穴を通ることは絶対にないし、波は、池に浮かぶ小舟を揺らすことはあっても、決して前進させることはありません。

それどころか、「$E=mc^2$」の式は、「球だと思っていたら、実はエネルギーの集まりだった」と、ペテンに掛けられているかのようなのです。

アインシュタインとは別に、二〇世紀初頭から提唱され始めた量子力学は、分子より小さい世界が存在するさまを解明しようとする試みだったようです。例えば、ハイゼンベルク Werner Karl Heisenberg（一九〇一―一九七六）は、注目する粒子の位置と運動量が同時に測定されない、すなわち、そのモノがどこにあるか解らないという不確定性原理を提唱し、さらに、その有様をマトリックス数学で記述する試みを発表したのです。この後、どのように数学的記述ができるのかという課題に、多くの科学者が取り組んだのです。その結果、微小粒子の存在が確率の方程式で表現されるというところに落ち着いたようです。この量子論は、モノの存在はサイコロを振るようにしか人間には考えられない、という奇妙な結論を導くものなのです。詳しく知りたい方は『ファインマン物理学V　量子力学』［砂川重信訳、岩波書店、一九七九年］を参照してください。

それらのような不可思議な現象が、客観的な物質の世界自体の成り立ちに拠るものなのか、それとも人間の知る能力の限界によるものなのか、その両方にあるのか、まったく人間の理解の範囲を超えているのです。アインシュタインは物理学について「世界の実在に対応するような観念を科学の名で案出してゆくところ」と言っています『物理学はいかに創られたか　上巻』アインシュタイン／インフェルト著、石原 純訳、岩波書店、一九六三年、序文ⅴ」。ナーガールジュナによれば、「因果律」の行き着く果ては得体のしれない「原因のコンディション」であり、人間の心によって創り上げられた虚構なのです。

第二節　経済学

二〇世紀後半の科学技術の驚異的な進歩には目を見張るものがありました。その要因は、ハンガリー生まれの数学者ノイマン John von Neumann（一九〇三―一九五七）により提唱された、いわゆるノイマン型のコンピュータの発明によるものです。これは、因果律などの論理をあらかじめプログラムしておいて高速処理するものです。

当初、コンピュータは人間の知性を真似るところから始まりました。人間のオペレータが機械を操作することから、CPU（中央演算処理装置）が周辺の機器をコントロールするようにしたのです。小さいものは時計から、大きいものは自動車や船舶さらには宇宙ロケットに至るまで、コンピュータ制御でない機械を見つけることが困難なほどです。他方において、人間の視覚と聴覚の延長として、携帯電話やスマートフォンから各種のゲーム機、そしてバーチャル・リアリティー映像など、まさに虚構そのものを楽しませる方向へと進化しています。

このコンピュータによって最も成功を収めたのは経済学です。アメリカのテイラー Frederick Winslow Taylor（一八五六―一九一五）は、科学的管理法によって製造工場における労働を形式的に貨幣価値に変換させることに成功したという話です［『科学的管理法』Ｆ・Ｗ・テーラー著、上野陽一訳、産能大学出版部、一九六九年］。また、ドラッカー Peter F. Drucker（一九〇九―二〇〇五）は科学的なマネジメントにより、社会の富を増殖させるとしたのです［『新訳　現代の経営〈上〉〈下〉』Ｐ・Ｆ・ドラッカー著、上田惇生訳、ダイヤモンド社、一九九六年］。さらにまたイギリスのケインズ John Maynard Keynes（一八八三―一九四六）は国家財政による経済の操作が失業や不況を克服できることを示しました［『雇用・利子および貨幣の一般理論』Ｊ・Ｍ・ケインズ著、塩野谷祐一訳、東洋経済新報社、一九九五年］。

それらをまとめると、様々な人の労働や物品、さらに国家の活動に至るまで、そのままで増殖することはないけれども、いったん貨幣に変換されれば、金融機関の金利により自己増殖をするので、あらゆる事物が貨幣へと変換される傾向が増していくのです。

スーパーコンピュータの登場は、高等数学を駆使したデリバティブなど金融派生商品を生み、プロの投資家の理解さえも超える存在になっています。このために、国家内の階層分化と、国家間の経済格差が相まって、富の偏在は留まることを知りません。国際NGOのオックスファムは二〇一七年一月十五日、世界で最も富裕な八人が、最も貧困な三六億人分と同じ資産を所有しているとの推計を発表した、とBBCニュースが報じました。

そもそも、金銭は紙幣やコインであっても、紙切れや金属片にすぎません。そもその価値は、国や社会の信用の上に成り立つ虚構であるのです。今話題のビットコイン（仮想通貨）を持ち出すまでもなく、コンピュータ画面上の数字で表されるだけの、まさにバーチャル・リアリティー（仮想現実）の存在なのです。だからといって、借金が消えるわけではありません。なぜなら、借金取りも同じように虚構だと見なしてくれないからです。しかし、逆に貸金がある場合は別です。何度催促しても知人が金を返してくれないという悩みに苦しんでいるとした場合、その解決法は簡単です。貸金を忘れればいいのです。もちろん、損得勘定も一緒に忘れなければなりません。このように経済学は実体のない虚構なのです。

第三節　人間科学

一八世紀後半になってドイツの哲学者カント Immanuel Kant（一七二四―一八〇四）は『純粋理性批判1』［カント著、中山元訳、光文社、二〇一〇年］において、神の存在について理性は昏迷と矛盾に陥ってしまうという結論を下し、哲学が神の存在を疑問視したことに加え、プラトンからデカルト René Descartes（一五九六―一六五〇）に至る「内省的方法」をも否定すること、すなわち宗教と哲学の衰退を決定づけたのです。

フランスのコント Isidore Auguste Marie François Xavier Comte（一七九八―一八五七）は、科学の進歩が神学的・形而上学的・実証的の三段階にわたるとし、実証的な社会学を系統的に提唱したという話です。つまり哲学は「真理の獲得」という使命を全て科学に手渡したことになったのです。

心理学が、哲学から分かれて科学とされたのは、ドイツのヴント Wilhelm Wundt（一八三二—一九二〇）の『生理学的心理学綱要』（一八七四年）以来であり、最初の心理学実験室を創設したのです。また、アメリカのワトソン John Broadus Watson（一八七八—一九五八）により提唱された行動心理学は、内観や内省による方法を拒否し、主に動物心理に関する研究をしたという。ドイツのヴェルトハイマー Max Wertheimer（一八八〇—一九四三）は、運動がないのに運動が感じられるという仮現運動の研究を行い、いわゆるゲシュタルト心理学を創始したのです。現代においても、動物実験によるところが大きく、目覚ましい発展はないのです。

最近流行の脳科学は、一八世紀のラ・メトリー Julien Offroy de La Mettrie（一七〇九—一七五一）の、思考なども脳の働きとして説明できるとする「人間機械論」の焼き直しにすぎません。現代においても、ＭＲＩ（核磁気共鳴画像法）やＣ

T（コンピュータ断層撮影）あるいはEEG（脳波）測定装置などコンピュータ制御の最新測定器の恩恵を受けただけで、脳内の働きを間接的に覗いているに過ぎないのです。また、ドーパミン他の脳内ホルモンなどを最新式の分析装置で測定しても、人の多様な精神活動を詳らかにできるはずもないのです。

以上のように、宗教や哲学に取って代わった現代の人間科学は、様々な人間の有様に名前を付けるだけで、ほとんど何も解決策を提示してはくれないのです。つまり、概念思考による虚構であるのです。

第四節　統計学による苦しみ

先述した科学的方法は、「観察」や「実験」によって研究対象を数値化しなければなりません。自然科学においては、各種の物理量などで数値化が比較的簡単です。それに対して、人間科学においては、主に統計学を使って数値化するという方法が採られます。

ところで、統計学は、指数関数、コンビネーション記号（nCk など）、シグマ（Σ）あるいは積分（∫）などの数式のオンパレードで、専門家以外には理解不能なのです。そこで、形式的な手法が採用されているのですが、意味を誤解して結果的に虚構を主張することになることがしばしば生じます。

高校や大学受験における「偏差値」です。例えば、ある家に二人の兄弟がいて、模擬試験の結果は、兄の偏差値が四八で弟が五二だとします。すると、平均値五〇より上の値である弟は賢く、下の兄はバカだというレッテルが張られてしまうとしたら、特に兄の苦しみが相当なものになることは想像に難くないと思います。

しかしながら、実際の「平均値」の意味は、頭の良し悪しを判断する基準ではなく、その周辺に多くの受験生が集まっているという意味なのです。つまり、図４のとおり、例えば、全部で一〇〇人の受験生のうち約六八人が、偏差値五〇を中心に

図4　正規分布

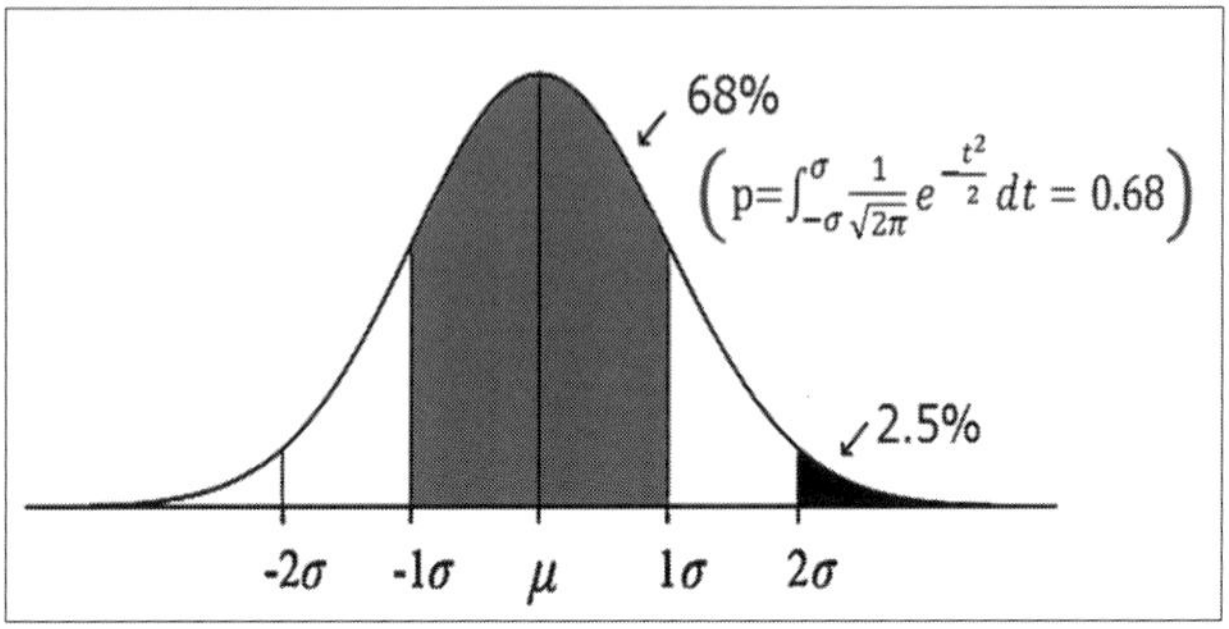

して四〇〜六〇の間にバラついている、ということを示しているにすぎないのです。従って、兄の四八と弟の五二は、全受験生のだいたい真ん中あたりにかたまっていて、大差ないといえます。

さらに、二σ（二・五％）、さらに三σ（〇・二七％）以上と以下の人たちは稀で特殊な存在として、平均教育から脱落したいわゆる「落ちこぼれ」になって、社会の枠から弾き飛ばされているのです。これらの人たちは人類の未来を切り開くような潜在能力を秘めているかもしれないのです。

ところで、予備校や受験指導の先生たちは、受験校の偏差値を一点単位にまで細分化してランク付けし、他方、受験生の模擬試験の偏差値と比較することによって合格率を算出して、受験校を決定するというようなことが現実に行われています。コンピュータを使えば、受験校や受験生の偏差値と合格率を、いくらでも細かく算出することは可能ですが、元々の統計学の意味からすると無意味な虚構であるのです。

そんなことよりも大事なことは、例えば合格率の予想が五〇％の場合、受験するか否かの決断です。つまり、この五〇％を危ないと考えるか、可能性があると見なすかの決断は、コンピュータや指導教員あるいは両親が決めることではなく、本人の生き方で決めるべきことなのだと思います。そうすれば結果が不合格だとしても、後悔や苦しみを乗り越えていけるのではないでしょうか。

このような受験の他にも、統計学による評価なくして現代社会は生きていけません。嬰児として生まれると体重や身長などが計測されて、他の児たちとの比較結果が示され、その数値に親たちは一喜一憂することでしょう。次に、学校へ行くようになるとＩＱ検査などの知能検査や運動能力検査そして偏差値。社会に出てからもマーケティング調査や金融商品のリスク、選挙の出口調査、職種によっては品質管理や環境管理やリスク管理。さらには人間ドックでの血圧や血糖値や中性脂肪その他の検査データ、医療においては手術の成功率あるいは抗ガン剤の生存率等々について、細かい数字に悩まされ苦しめられる毎日なのです。

これら統計学という知性による苦しみは、その虚構性をよく理解したうえで、断滅することによって消去することができるのです。もちろん、基準値から大幅に外れる場合は、統計による虚構ではないでしょうが。

第五節　苦しみの解消

『中論』によれば苦しみには三種類あるとされます。知性の虚構による苦しみ、非充足の苦しみ、無常性の苦しみであり、その解消法について考えてみましょう。

第一に、知性の虚構による苦しみの解消法は、簡単にいえば「知識は持っておいて、気にしない」ということです。

例えば、健康法について各分野の専門家がばらばらに自説を主張し、それに追従するコマーシャリズムは、マスコミに乗じて声高に宣伝を繰り返しています。一体どの説を信じればいいのか。人々はいつも悩まされることになり、その結果、本来の食事を疎《おろそ》かにして、各種類のサプリメントを大量に摂取したために栄養失調で倒れる人が出てくる、という皮肉な結果が生じたりもしています。肥満度や血圧が高めだから対処薬を飲むなどというのは愚の骨頂です。それらの基準値は覚えておいて、極端に外れる場合以外は「気にしない」ことです。

第二に、非充足の苦しみの解消は簡単です。「人と比べない」ことです。主に経済学と統計学により、世の中は競争社会になっています。勝つ人がいれば負ける人もいるのが常です。

例えば、金儲けしたいので社長になりたい、という人がいます。金持ちになって豪邸に住み、ブランド品で身を飾り、高級レストランでグルメに興じたい。そのような欲望に駆られて、ビジネスのスキルもないままに様々な事業を起こして、結局は挫折して「非充足の苦しみ」に陥ることになるのです。

それに対して、多くの成功した経営者は「金が目的ではない」と口を揃えて言います。また、本当の金持ち自身は「金で幸せは買えない」と心から思っているのです。

さらに、第六覚に目覚めず直感力のない普通の人は、意図的な行為をした結果、実現できずに悩み苦しむのが世の常です。これは「非充足の苦しみ」の源であると思います。巷でよく「夢を持て」と言われます。しかし、例えばプロ野球選手になりたいと夢見た野球少年のほとんどは、夢破れることになるのです。あるいは、将来安定した生活を送りたいので公務員志望だという就職活動中の学生も、多くの場合に希望が叶わないでしょう。というのも、今や公務員は人気の職業の上位に位置づけられていて、競争率が高いからです。

それらの「夢」や「志望」は、他人と比較した結果の裏返しではないでしょうか。「やりたいこと」ではなく「やれること」をすること、すなわち意図的な行動を止めて、自分の与えられた道を使命として、探すべく努力することです。

第三に、無常性の苦しみの解消も簡単です。「先行きを不安がらない」ということです。そもそも、科学は、常に新しい仮説を求め続けるという原理的な「無常性の苦しみ」をもっているものです。

例えば、以前は肝臓によいはずだった薬が、最新の研究において実は毒だったというようなことが日常的に起きているのです。

しかしながら、以上のような三種類の苦しみの解消法は、自らの生きる指標を失い、迷いの世界を彷徨《さまよ》うことになるのです。人にとって必要なことは、自分は正しく生きているのだという正当性を持つことなのです。そこで、『中論』は八つの正当性を示唆しています。すなわち、

㈠真実の理解―『中論』の「知恵」を理解すること。
㈡正しい思考―因果律などの論理的な思考。
㈢正しい言葉―流言、悪口、暴言、欺瞞《ぎまん》などのない誠実な言葉。
㈣正しい行為―殺さず、盗まず、犯さず、嘘をつかず、酒に溺れない。
㈤良い職業―社会に貢献するような職業に就くこと。
㈥正しい努力―他人の目を気にせずひたむきに努力すること。
㈦正しい意志―人の言いなりにならず自立した意志をもつこと。
㈧直感の育成―知性を排除し直感力を高める。いわゆる「勘を養う」です。

これらが、『中論』の示唆するところであり、さらに私の実体験です。

第六節　天才

ここで、「天才」という言葉を思い出しました。西洋では「神に愛されし者」、東洋では「天賦の才」などといわれます。しかし、その解明がほとんど進んでいないのは、事例が少なすぎて統計的に処理できないことに加え、このような人たちが、ほとんど奇跡と呼べるほどの数奇な人生を送っていたので、パターン化できなかったためでもあるでしょう。

唯一、天才と呼ばれる人の共通点は、長い期間の絶え間ない努力の日々の中で開花するのです。「天才は努力の才」ともいわれますが、努力をしたからといって開花するものでないことは確かです。

入浴時や散歩のとき、あるいは睡眠中など、知性の働きがない場面でよく起こることは、歴史上よく知られています。ただし、それを発現させる方法については明らかではなかったのです。

アインシュタインを始めとする西洋人は、科学上の革命的な成果について、結果のみを重要視し、それが産まれたプロセスについて言及しない傾向にあります。例えば、科学史家クーン Thomas S.Kuhn（一九二二―一九九六）の『科学革命の構造』［トーマス・クーン著、中山 茂訳、みすず書房、一九七一年、v頁］によれば、『パラダイム』とは、一般に認められた科学的業績で、一時期の間、専門家に対して問い方や考え方のモデルを与えるもの」としています。しかし、結局、パラダイムという言葉すなわち概念を使って、科学の進歩を、従来と異なる科学者集団の有様として表現する、という視点で説明したに過ぎないのです。しかも、大学院など最先端の教育に関して「科学者の訓練は、新しいアプローチを編み出す人間を作るようにできていない」と批判しているものの、それに代わる提言はしていないので

す。〔同、一八七頁〕

それに対して、日本人は経緯《いきさつ》を語るのが好きなようです。例えば、湯川秀樹はその著書で特に詳しく述べています。「例によって、寝床の中で物を考えていた。大分、不眠症が昂じていた。いろいろな考えが次から次へと頭に浮かぶ。忘れてしまうといけないので、まくらもとにノートが置いてある。一つのアイディアを思いつくごとに、電灯をつけてノートに書き込む」とあります〔『旅人――ある物理学者の回想』湯川秀樹著、角川学芸出版、一九六〇年、二三七頁〕。これこそが、『中論』の主張するところの、真実について「直接のコンディションを直感する」有様だと思います。実は、私が子供のころに読んだ「湯川秀樹伝」に同様の記述があり、現に今その方法を実践していてこの原稿を書いているのです。

いわゆる一流大学の学生のほとんどは、猛勉強の結果難関の入学試験に合格した人たち、つまり知識の人たちなのです。天才は学歴と関係ないようです。ところで、天才たちは稀有な存在であるがゆえに、変人として扱われ、周辺の人々に受け入れられず、孤独な人生を歩むことになります。だから、社会から排除されることなく、経済的支援が受けられ、互いに刺激しあう場所、すなわちコミュニティが必要になってくるのです。

その資格としては、第一に優れた知性を持つこと、すなわち正しいダルマの理解、第二にその知性を断滅でき、その上で、第三に第六覚に目覚めることが必要です。後付けであっても優れた人格すなわち八種の正当性を持つことも肝要かと思います。

第七節　覚者

仏教の最終的な目標は「覚者」を生み出すことです。私自身は覚者の高みに到達していないので、ここで語ることができるのは、拙い体験についてだけのことになります。伊勢神宮や出雲大社あるいは高野山奥の院など、いわゆるエネルギー（パワー）スポットといわれる場所において、知性を断滅して、そのエネルギーを私は感じることができるにすぎないのです。それはともかく、このようなエネルギースポットの代わりに「曼荼羅」を使用することもできますが、国宝級のものでなければ同等の威力は望めないでしょう。例えば、東京国立博物館で開催された「東寺展」において、京都の東寺（教王護国寺）所蔵の国宝「両界曼荼羅」（九世紀作）を見たとき、あまりに強烈なエネルギーに圧倒されたものでした。

しかし、現代の科学では、これらを認めていません。

「第六覚」に目覚め、しかるべき場所を訪れて、自らの心のファイヤーウォール（防御壁）を体の三分の一ほど外すと、神霊が懸かってきます。注意すべきは、全開にすると憑依されてコントロール不能になることです。

もう一つ注意すべきは、神霊にレベルの差があることです。植物、動物から人、そして人より上位の存在、さらには神的な存在などの、自分自身の知恵のレベルに見合った霊的存在が、感応することになるのです。詳しくは拙著『しあわせ日記』［論創社、二〇〇四年］をご覧ください。ともかく、下位の植物や動物などと感応するのは人類学でいうところのシャーマンであると思います［『シャーマニズム』ミルチア・エリアーデ、堀一郎訳、筑摩書房、二〇〇四年］。

それに対して、『中論』の最終的な成果の最高位が覚者（真実に目覚めた人）ということになりますが、「正しいダルマの理解」が大前提になります。その上で、知性を断滅して、第六覚を目覚めさせることによって、真実を直接に直感して洞察し、自らの支配者のコンディション（天）を具現して覚醒することによって覚者となるのだと思います。天才のコミュニティから生まれるのかもしれません。

ともかく、この「支配者のコンディションを具現すること」を、世俗では「神懸り」といいますが、その時代の最高水準の「知恵」を身につけることが肝要となるのです。

日本において、一九世紀から二〇世紀後半に至るまで多くの新宗教が勃興しましたが、最初に「帰神《きしん》（神帰《かみよ》せ）の法」を理論づけたのは、本田親徳《ほんだちかあつ》（一八二二―一八八九）であり［『顯神本田靈學法典』佐藤卿彦著、山雅房、一九七八年］、大成したのは大本《おおもと》教の出口王仁三郎《でぐちおにさぶろう》（一八七一―一九四八）だといわれます。しかし、一九三五年に時の政府の大弾圧を受けて［『大本教祖伝―出口なお・出口王仁三郎の生涯』伊藤栄蔵、天声社、二〇〇七年］、大本教は衰退しましたが、いくつもの後継者が別の教団としてその後を引き継いだという話です。

しかしながら、それらはすべてコンピュータが普及する以前の時代であり、従って、今後のＡＩ（人工知能）に対して、対抗できるだけの用意ができていないと考えられるのです。

二〇〇八年の世界統計によると、表37のとおり世界の宗教割合のトップフォーは、キリスト教、イスラム教、ヒンドゥー教、仏教であり、その合計は全体の約七三％です［『世界統計白書（二〇一三年度）』木本書店、二〇一三年、五八八頁］。

表37　世界の宗教割合（2008年 CIA）

位	宗教名	割合〔%〕	割合累計〔%〕	創設〔世紀〕
1	キリスト教	33.3	33.3	1 A.D.
2	イスラム教	21.0	54.3	7 A.D.
3	ヒンドゥー教	13.3	67.6	～3 B.C.
4	仏教	5.8	73.4	6 B.C.?
―	その他宗教	12.5	85.9	―
―	無宗教・無神論者	14.1	100.0	―

これらの創設は、一番新しいものでもイスラム教の七世紀で、今から一三〇〇年も前なのです。

これらの中で、キリスト教とイスラム教はそれぞれゴッドとアッラーという神を信奉する一神教で、あわせて五四%を占めています。その原理上、他の宗教と敵対し排除しようとするものなのです。他方、多神教であるヒンドゥー教について、紀元前一〇世紀以前に成立されたとする四つの『ヴェーダ』を基に、『ウパニシャッド』が編纂されたとされるのは紀元後三世紀ごろまでの長期にわたり、特記すべき開祖はいないようです。いずれにせよ、それらの経典を聖なる「知識」として崇拝していて、他の宗教の教義と相容れないことは、一神教と同じです。

さらに、比較的他宗教に寛容な仏教においても、ブッダ直伝とされる上座部（小乗）は固定された教条の元に排他的です。それに対する大乗仏教は、一二～一三世紀の日本において「念仏」という独自の道を進みましたが、その真の価値が忘れ去られ、現在は葬式仏教と揶揄されることもしばしばです。

この統計の中で注目すべきは、無宗教・無神論者が一四％もいることです。これは、古い宗教教義に飽き足らなくなった人たちがいることの証拠でしょう。現代人の知性は、科学の進歩により極端といえるまでに発達していて、既成の宗教では対処できなくなっているのです。

第八節　「空性」の実践

「空性」とは「知性の断滅」であり、いわゆる「無我の境地」です。これは、人々を知性の束縛から解放し、加えて、第六覚を目覚めさせて、「ひらめき（insight）」を個々の天才に与え、さらには世界人類に多大な影響力を持つ覚者を目覚めさせるための必須条件となります。しかし、その実現は容易なことでありません。

現代の科学技術によれば比較的簡単に脳波を測定することができます。心理学実験などで脳波を測るとき、一般の被験者は静かな環境でリラックスすることが要求されます。そのとき被験者は、平常心を保とうと意識すればするほどに緊張し、「今日の夕食は何かな」とか「家を出るとき鍵をちゃんと掛けたか」とかのつまらない考えが、いつもに増して浮かんでは消えるのです。普段は気にしないような自分の心臓の音までが大きく聞こえてきたり、また鼻の頭がかゆくなったり、あるいはかすかなコーヒーの香りが匂ってきたりするのです。これらは「雑念」と呼ばれ、実際に脳波を測定してみると、時間の経過とともに大きく変化し、本来の微小な脳波の状態を覆い隠してしまうのです。この現象を「雑念によるマスキング効果」と名付けてみました。

そこで、脳波の経時変化波形をビジュアル化し、熟達者の波形を基準として、比較フィードバックを繰り返すことにより、「雑念」を極力小さくする方法を、独自の「脳波評価方法」として開発し、次のような特許申請をしました。この方法こそが、「知性を断滅すること」すなわち「空性」の実践に他ならないと思います。

国際特許（出願番号：特願2018-78287、特願2017-156455に基く優先権主張出願）の「要約書」を巻末に添付します。

「脳波の評価方法」特許の概要

整理番号:180223T1 特願2018-078287 提出日:平成30年 4月16日

【要約】

【課題】この発明は、被験者の脳波におけるマスキングを排除し、雑念のない状態の脳波を取得すること、及び視覚、聴覚、嗅覚、味覚、触覚などを感受した時の、特徴的な脳波の検出の精度を向上させることを第二の課題とするものである。

【解決手段】測定された脳波のデジタル信号から周波数毎の経時的なパワー変化を表示する時間軸スペクトラムデータを生成し、前記時間軸スペクトラムデータにおける注目すべき周波数帯のパワーを平均値に置き換えて、平均値時間軸スペクトラムデータを生成し、平均値時間軸スペクトラムデータから特定の時間幅を複数取り出して、各時間幅毎に周波数を軸とした周波数軸スペクトラムデータを生成する。

この発明によれば、平均値時間軸スペクトラムデータに基づいて、時間幅毎の周波数軸スペクトラムデータを得ることにより、脳波の経時的な変化を、周波数帯ごとに把握することができる。

【雑念のない脳波を習得するための装置】

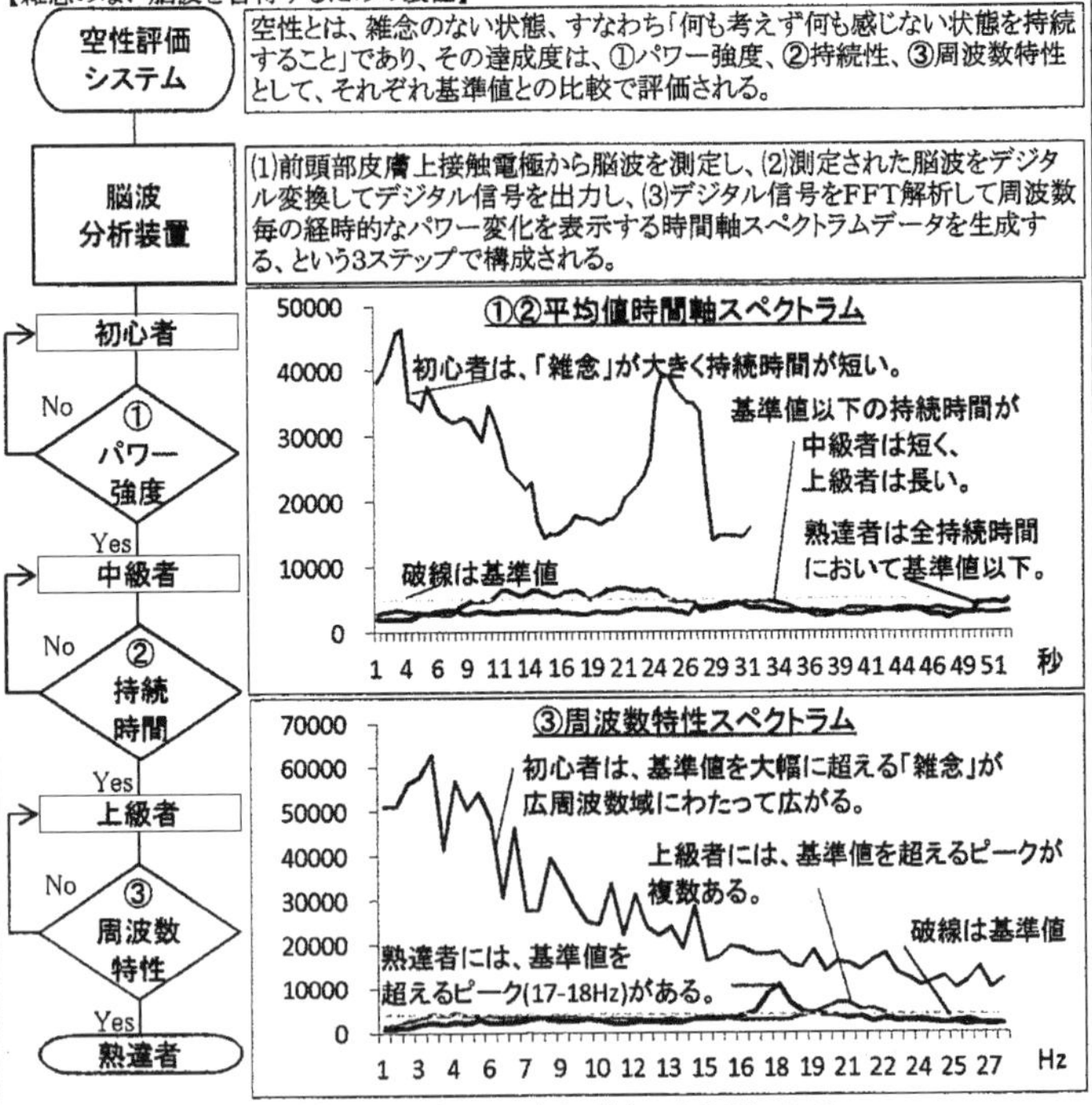

空性評価システム
空性とは、雑念のない状態、すなわち「何も考えず何も感じない状態を持続すること」であり、その達成度は、①パワー強度、②持続性、③周波数特性として、それぞれ基準値との比較で評価される。
脳波分析装置
(1)前頭部皮膚上接触電極から脳波を測定し、(2)測定された脳波をデジタル変換してデジタル信号を出力し、(3)デジタル信号をFFT解析して周波数毎の経時的なパワー変化を表示する時間軸スペクトラムデータを生成する、という3ステップで構成される。
初心者
No
① パワー強度
Yes
中級者
No
② 持続時間
Yes
上級者
No
③ 周波数特性
Yes
熟達者
①②平均値時間軸スペクトラム
初心者は、「雑念」が大きく持続時間が短い。
基準値以下の持続時間が
中級者は短く、
上級者は長い。
熟達者は全持続時間において基準値以下。
破線は基準値
50000
40000
30000
20000
10000
0
1 4 6 9 11 14 16 19 21 24 26 29 31 34 36 39 41 44 46 49 51 秒
③周波数特性スペクトラム
初心者は、基準値を大幅に超える「雑念」が広周波数域にわたって広がる。
上級者には、基準値を超えるピークが複数ある。
破線は基準値
熟達者には、基準値を超えるピーク(17-18Hz)がある。
70000
60000
50000
40000
30000
20000
10000
0
1 3 4 6 7 9 10 12 13 15 16 18 19 21 22 24 25 27 Hz

熟達者のピーク(17−18Hz)は、意志の力を示している。

エピローグ

最近になって、イスラエルの歴史学者ハラリ Yuval Noah Harari（一九七六—）の『サピエンス全史』という興味深い本が出版されました。その内容として、ホモ・サピエンスは二〇万年前から現代に至るまでに、四度の革命を起こしたというものです。すなわち、

①七万年前の虚構の言語を使用する認知革命
②一万二〇〇〇年前の植物の栽培化と動物の家畜化による農業革命
③五〇〇〇年前からの貨幣、帝国、宗教という虚構による人類統一
④五〇〇年前からの科学革命

です。ここで、著者は、最後の科学革命を「無知の革命」と呼んでいます。その前の宗教の時代においては、あらゆる「知」が全知全能の神によって、あるいは聖

典によって示されていたのです。何か知らないことがあれば、聖職者に尋ねるか、聖典を繙けば解決されたのです。つまり「有知」であったのです。

宗教の中で、唯一「有知」でなかったのは仏教であるとしています。しかし、その一派である上座部（小乗）仏教は苦の解消が目的であるとし、また他方の大乗仏教について、他人の苦を救う菩薩業に過ぎないとして、いずれも仏教について矮《わい》小《しょう》化した見方をしています。

この本の結論として、ハラリは「たしかにサピエンス（人類）は、かつてないほどの数に増えているのだから、生物種としては大成功だが、個々のサピエンスの幸福が増したとは決して言えない」［『サピエンス全史（下）』ユヴァル・ノア・ハラリ著、柴田裕之訳、二〇一六年、二七〇頁］と、人類の現状を鋭く批判しているようです。しかし、それを解決するために「未来のテクノロジーはサピエンスそのものを変え、私たちには想像の糸口もつかめない感情と欲望を持たせうる」［同、二七二頁］と、相も変わらず欲望に駆り立てられた知性を、人間精神の中心に据えているのです。

近代の科学は、「何も知らない」という前提に立って、少なくとも二五〇〇年前からの歴史や文化を無きものにし、新しい仮説を立てては実証し真理とするということを、永遠に繰り返すのです。しかし、斬新な仮説がどのようにして生み出されたかを明らかにしていないのです。つまり、科学の進歩を促してきた天才は、科学から生まれてきたのではないのです。

現代社会は、科学の無知により行き詰まっていることを自覚しなければなりません。特に欲望の抑制は、宗教の多くが説いていることです。欲望が決して人を幸せにしないということは、人類共通の叡智であると思います。これに対して、心理学や脳科学をはじめとする人間科学は、そのような叡智を無視して、欲望を人間の根源的なものと見なして、積極的に肯定しているのです。その結果、人々は飽くなき欲望の世界に邁進し、無慈悲な弱肉強食の社会を築き上げて、絶えることのない紛争や戦争に明け暮れているのです。

科学が実体のない虚構だとすれば、新たな虚構が構築されることは必然であり、それを可能にするのが「天才」なのです。

例えば、富の偏在を促進する現在の自由主義経済を刷新し、新たな富の分配方法を構築できるのが、経済学分野の天才なのでしょう。同様に、偏向した統計学から脱却した教育学、その他、科学以外のすべての分野においても天才の出現が待たれるのです。

三世紀ごろの日本（倭国）において、ヒミコ（卑弥呼）は、当時の覚者として神道（鬼道）により大衆を導き、戦乱に明け暮れていた三〇か国ほどの国々をまとめあげたという話です。「覚者」とは、人類の進むべき方向性を示しうる人たちだと推測されるのです。

『中論』の説くダルマは、個々の人々を苦しみから救い出し、心を支え保つためのヒントを示唆してくれるものです。さらに、人類に発展をもたらす天才を育み、グローバルな平和へ導く覚者を出現させるものです。このようなダルマは、知性と感性のバランスを人類全体に与えるものであるといえるのです。「知性」の実用についてはＡＩ（人工知能）にまかせて、人は人間らしい「感性」(Kansei）を豊かにする方向へ進むべきです。

二〇一八年　七月

高田 裕一

〈著者紹介〉

高田裕一（たかだ　ゆういち）

大阪府に生まれる。

1969 年、東北大学理学部化学科卒業。

日本化学会、American Chemical Society 会員。

書家：古久保泰石、小説家：井上光晴に師事。

音響メーカー技術部長としてＣＤプレーヤーＵＳＡ特許取得（US005373495A）し、ＵＳＡ最高級オーディオ協会優秀技術賞にノミネートされる。

現在、東京都に在住し、研究・執筆活動に専念。

「脳波の評価方法及び評価装置」特許出願審査請求中（特願 2018-78287）。

著書
『しあわせ日記』（論創社）
『本当の酒』（長崎出版）
『六本木 GENJI 陽香留』（論創社）
『末期ガンからの生還』（ラピュータ）などがある。

本当の仏教

定価（本体1600円+税）

2018年　9月　8日初版第1刷印刷
2018年　9月 13日初版第1刷発行
著　者　高田裕一
発行者　百瀬精一
発行所　鳥影社（www.choeisha.com）
〒160-0023　東京都新宿区西新宿3-5-12 トーカン新宿7F
電話　03（5948）6470, FAX 03（5948）6471
〒392-0012　長野県諏訪市四賀 229-1（本社・編集室）
電話 0266（53）2903,　FAX 0266（58）6771
印刷・製本　モリモト印刷・高地製本

ISBN978-4-86265-703-9　C0015